COMPTE RENDU

DU

XII CONGRÈS DE L'UNION FÉDÉRALE

DES

Chambres Syndicales des Débitants de Boissons

DE L'EST ET DU BASSIN DU RHONE

Tenu à Lyon, les mercredi 12 et jeudi 13 Octobre 1904

AU PALAIS DU COMMERCE (SALLE DES RÉUNIONS INDUSTRIELLES)

LYON

Imprimerie WALTENER & Cⁱᵉ

3, Rue Stella, 3

1904

XIIe C^{rès} DE L'UNION FÉDÉRAL

DES

Chambres Syndicales des Débitants de Boissons

DE L'EST ET DU BASSIN DU RHONE

Tenu à Lyon, les mercredi 12 et jeudi 13 Octobre 1904

AU PALAIS DU COMMERCE (SALLE DES RÉUNIONS INDUSTRIELLES)

LYON

Imprimerie WALTENER & Cie

3, Rue Stella, 3

—

1904

Mercredi 12 Octobre

Dès huit heures, les délégués arrivent au Palais du commerce, la plupart entretiennent entre eux, depuis fort longtemps, d'excellentes relations, aussi échangent-ils, après les salutations d'usage. leurs impressions sur les diverses questions inscrites à l'ordre du jour.

A en juger par les propos qui nous parviennent, deux questions susciteront un débat animé : la loi sur les fraudes et la Limitation du nombre des débits de boissons. Quant aux Fédérations régionales, tout le monde est d'avis qu'elles rendront les plus signalés services à la corporation, et les délégués sont unanimes pour rendre hommage à la concision du rapport fait par le Président de l'Union fédérale, qui a exposé d'une façon admirable tous les arguments militant en faveur de cette nouvelle organisation.

Au Bureau prennent place : MM. Gourju, sénateur ; Brun et Michallet, président d'honneur de la Fédération; Clozel, avocat à la Cour d'appel, membre du Contentieux ; Péronnet, président de l'Union fédérale, assisté de MM. Mazaud et Flachon, vice-présidents ; Vallet, trésorier ; Bondon, secrétaire général ; Milliet, membre du Conseil.

M. Mauran, rédacteur-administrateur du *Réveil des Limonadiers*, remplit les fonctions de secrétaire du Congrès.

Séance du matin

La séance est ouverte à neuf heures et demie.

Il est immédiatement procédé à l'appel nominal des délégués qui fait constater la présence des groupes corporatifs suivants :

Paris : Chambre syndicale des débitants de vins : MM. Girardin et Acgouau ;

— Union syndicale des débitants et liquoristes : MM. Christophe et Grizard ;

— Chambre syndicale de la corporation des marchands de vins et liquoristes de Paris et des communes de la Seine : M. Rey ;

— Chambre syndicale des restaurateurs : M. Girardin ;

Avignon : M. Sirand ;

Alais : MM. Conrozier et Mallignon ;

Bourg : MM. Ravignier et Manin ;

Bourg-de-Péage : MM. Badoit et Dumaine ;

Chambéry : MM. Coudurier et Baboulaz ;

Chalon-sur-Saône : M. Lachaux.

Dijon : MM. Tollard et Champotot ;

Grenoble : MM. Sirand, Drillat, Marillat et Girerd ;

Le Puy : M. Uzon ;

Lyon (Sud-Est) : M. Duplessy ;

Montélimar : MM. Mazet et Mirabel ;

Nevers : M. Girardin ;

Romans : MM. Joud, Girard et Se

Saint-Marcellin : MM. Bonnet

Valence : MM. Salomon et Jal

Vaugneray : MM. Flachon, Gay et Pasquiot ;

Aix-les-Bains : M. Guerrier ;

Saint-Étienne : Syndicat des cafetiers et restaurateurs : MM. Mazaud, Servin, Riche et Santoui ;

— Syndicat des débitants : M. Raphard ;

— Syndicat des débitants de boissons en détail de la Loire : MM. Masse et Auboyer ;

Dunkerque : M. Girardin ;

Cette : MM. Encontre et Capelle ;

Nantes : M. Péronnet.

Les Syndicats d'Aix-en-Provence, Annecy, Beaune, Clermont-Ferrand, Gap, La Roche-sur-Foron, Nîmes, Chomérac, Riom et Saint-Sorlin s'étaient excusés de ne pouvoir envoyer de délégués.

Les pouvoirs de chaque délégué ayant été vérifiés et reconnus valables, *M. Péronnet* donne lecture de la lettre ci-dessous émanant du Syndicat de Limoges :

A M. le Président de l'Union fédérale des Débitants de boissons de l'Est et du bassin du Rhône.

Monsieur le président et chers collègues,

J'ai bien reçu en son temps votre circulaire invitant notre syndicat à aller prendre part aux travaux du 12° congrès organisé à Lyon les 12 et 13 courant.

Je regrette bien sincèrement de ne pouvoir être parmi vous pendant ces quarante-huit heures de lutte pacifique pour soutenir les intérêts de la corporation.

Ma nomination toute récente à la présidence du syndicat des débitants de la Haute-Vienne, ne m'a pas permis de me préparer pour votre Congrès.

A notre première réunion du Bureau, j'ai l'intention de proposer de nous fédérer avec vous. C'est vous dire, Monsieur le président, que je suis de cœur avec vous et vous félicite tout particulièrement pour l'organisation de cette grande réunion amicale qui a pour but de défendre des intérêts généraux de la corporation, bien éprouvée, hélas, par les tracasseries et impôts de toutes sortes.

Car nos gouvernants, quels qu'ils soient, ne nous oublient jamais pour combler les déficits budgétaires en nous faisant supporter une augmentation exagérée de droits sur les alcools, les licences et patentes et avec cela les visites tracassières d'agents d'une fiscalité écœurante, qui sauf quelques exceptions, sont faites par des employés incapables ou méchants. Leur devise est : « Le débitant, c'est l'ennemi. »

A mon humble avis, il serait grand temps que cet état de chose soit changé et que nous soyons traités plus égalitairement. Pour atteindre ce but, je dis comme vous : groupons-nous.

Jusqu'alors, nos réclamations sont restées sans écho parce que nous ne sommes pas assez unis, mais le jour où les cent mille voix d'une corporation crieront à l'injustice, nos gouvernants les plus sourds nous entendront, écouteront nos doléances, tiendront compte de nos réclamations et nous donnerons satisfaction pour nos justes revendications.

Je termine, mon cher président, en vous disant bon courage pour l'accomplissement de la tâche qui vous incombe comme président du Congrès.

Au nom de notre syndicat, et en mon nom personnel, je vous prie de bien vouloir être notre interprète auprès de nos collègues congressistes en vous priant de leur transmettre nos meilleurs vœux de bonne confraternité.

Veuillez croire, Monsieur le président et cher collègue, à l'expression de nos meilleurs sentiments.

Hémery,

P.-S. — Le syndicat des débitants de boissons de la Haute-Vienne sera représenté par Clermont-Ferrand.

Si toutefois cette ville n'avait pas de délégués, Monsieur le Président du Congrès voudra bien nous faire représenter s'il le juge utile.

Nous vous serions reconnaissants de bien vouloir nous envoyer le compte-rendu de vos délibérations.

M. Péronnet prononce ensuite l'allocution suivante :

Messieurs et Chers Collègues,

En déclarant ouvert notre XII° Congrès il m'est un devoir bien agréable, c'est celui d'adresser la bienvenue à tous les délégués ici présents, qui n'ont pas craint les fatigues du voyage pour venir prendre part, à tous nos travaux.

Merci aux représentants de tous les syndicats appartenant à notre Fédération, mais nous devons des remerciements particuliers aux délégués des syndicats non groupés sous notre bannière qui ont bien voulu répondre à notre appel, montrant ainsi tout l'intérêt qu'ils portent à nos revendications et surtout quelle part ils savent donner à l'esprit de solidarité qui doit si étroitement nous unir.

Merci tout particulièrement aux délégés de Paris, que l'on trouve toujours sur la brèche prêts à lutter pour la défense de nos intérêts professionnels et qui ont su si bien développer l'esprit syndical et mettre en pratique ce moyen de cohésion, largement conscients et convaincus de tout ce que l'on peut en tirer.

Tous, Messieurs les délégués, vous témoignez par votre présence du dévouement que vous accordez à vos collègues et à l'étude des choses qui intéressent toute notre corporation, et, élevant ce dévouement jusqu'à la hauteur du devoir, vous le donnez toujours, sans réserves, souvent même aux préjudice de vos propres affaires. Vous le pousserez aussi ce dévouement, jusqu'à l'abnégation, car vous n'attendrez point la reconnaissance de ceux pour lesquels vous vous dévouez, mais vous porterez en vous-même cette joie de faire le bien parce que le bien et d'accord avec votre conscience, vous resterez calmes et satisfaits d'avoir fait tout votre devoir.

Nous devons étendre ces sentiments à tous ceux qui, pour des raisons diverses, n'ont pu se rendre parmi nous, mais qui se sont fait représenter à ce Congrès, et aussi à ceux qui suivent nos travaux avec intérêt.

Exactement un an nous sépare de notre XIe Congrès qui comme cette année a tenu ses assises dans cette même salle, gracieusement mise à notre disposition par la municipalité, dont nous avons à remercier M. le Maire de Lyon.

Le Congrès précédent a étudié des questions d'un haut intérêt et sur chacune d'elles, sous formes de vœux, vous avez manifesté votre opinion et formulé vos revendications.

Il est du devoir de l'Administration de l'Union Fédérale de vous faire connaître les efforts tentés et les résultats obtenus.

Tous les vœux que vous avez adoptés, ont été imprimés et adressés à tous les membres du parlement, députés et sénateurs; quelques démarches ont été faites.

Mais nous devons reconnaître que le bagage des satisfactions obtenues est extrêmement léger.

Nous n'avons pas à vous parler de la question de limitation des Débits sur laquelle le Congrès précédent est resté divisé en parts égales, puisque cette question figure encore à l'ordre du jour de notre XIIe Congrès ;

De toutes les autres questions : Modifications à la loi des Boissons de 1900 ; Modifications à la loi de 1903 ; du Monopole de l'Alcool ; de la loi de 1897, visant la suppression des Octrois ; de la suppression des licences ; et de la réforme de la loi sur les Patentes ; une seule a obtenu, en partie, satisfaction, c'est celle relative à la fois due aux procès-verbaux. La loi de finance de 1901, a heureusement permis, la faculté de la preuve contraire.

Ce n'est là qu'une juste application du droit commun, un retour à l'équité, contre l'arbitraire.

Dans cet ordre d'idées il reste encore à obtenir la suppression de la prime prise sur le partage des amendes, allouée aux dénonciateurs et aux agents. Il y a là un encouragement à la partialité à l'exagération et quelques fois aussi à la mauvaise fois dans la rédaction des procès-verbaux. L'immoralité même d'une telle faveur, porte en elle-même l'indication et le besoin de sa suppression; nous avons le ferme espoir de la voir disparaître, car nous savons que des membres du Parlement ont pris à cœur d'obtenir cette réforme ; ils y réussiront comme ils ont réussi pour la preuve contraire.

Les revendications concernant la modification à apporter à la loi de 1900 qui a supprimé l'exercice et l'a en même temps, rétabli dans des conditions plus graves que celles édictées par la loi de 1816, restent entières, nous devrons maintenir et renouveler le vœu :

1° Que l'exercice chez le débitant soit supprimé et ne puisse être rétabli sous aucune autre dénomination ;

2° Que les agents des Contributions indirectes ne puissent faire aucune visite chez les débitants de boissons, sans se conformer aux prescriptions prévues par l'art. 237 de la loi du 28 avril 1816 ;

3° Que tous les alcools consommés effectivement sur le territoire français acquittent d'une façon égale les droits dus au Trésor, sans aucune exception ni réserve, mais que les droits d'octrois de l'Etat soient supprimés ; (Loi du 26 mars 1872.) ;

4° Subsidiairement sans l'esprit de ce qui précède que l'art. 6 de ladite loi soit appliqué en son esprit et sa teneur en ce qui concerne le recensement chez les débitants, qui ne devra être effectué que sur la quantité globale de l'alcool et non par spécialité, ce qui ne peut être qu'une source d'erreurs et de nombreuses difficultés. Sans profits pour le trésor.

Restent également à attendre :

1° La réforme concernant la loi de 1897 laquelle est un acheminement à la suppression des octrois, mais on ne doit pas perdre de vue qu'il y a là une réforme d'ordre général qui intéresse le pays tout entier, que conséquemment, elle doit être faite avec le concours de l'Etat.

2° La suppression des Licences qui constitue exclusivement pour notre profession une seconde patente.

3° La réforme de la loi des patentes réclamée depuis si longtemps ;

Nous devons maintenir et renouveler nos vœux antérieurs en ce qui concerne :

Licences :

Emet le vœu :

Que la licence, qui est un impôt de superfétation ne frappant que le commerce des boissons, soit supprimée.

Et subsidiairement dans le cas où les besoins budgétaires ne permettraient pas la suppression des licences.

Considérant que la classe de patente ne définit pas la valeur commerciale ;

Emet le vœu que la licence soit unifiée conformément à l'esprit du projet de la loi de 1900, soit au chiffre de 100 fr.

Patentes :

Emet le vœu :

Que les Sociétés coopératives, grands magasins et bazars soient placés dans le droit commun et frappés de la patente par nature de spécialité.

Emet en outre le vœu :

Que le rôle des patentes soit fait avec le plus large esprit de justice et d'équité;

Que le mot de répartiteur ne soit pas un vain mot et que son emploi ait un caractère impartial en s'appuyant sur les seuls principes du droit commun.

Que les intérêts du petit, du faible, soient sauvegardés avec un esprit de largesse, sans aucune méchanceté, sans acrimonie, sans jalousie, sans fantaisie de la part du contrôleur ou des répartiteurs.

Mais nous ne devons pas oublier ni perdre de vue que plusieurs lois susceptibles de porter atteinte en suspens et restent à nos intérêts.

1° Le Monopole de l'alcool
2° La loi sur les fraudes
3° La loi sur la limitation des débits.

Dans toutes nos réunions, nous nous sommes toujours élevés contre toute tentative de monopole sur l'alcool.

C'est avec une grande raison qu'il faut entrevoir une telle réforme comme une atteinte grave à nos prérogatives, à nos intérêts.

Ce serait la main mise sur notre liberté d'action, sur notre initiative commerciale. Ce serait nuire à des intérêts commerciaux qui tiennent dans notre pays, une place considérable.

Nous disons plus hautement que nous ne voulons pas défendre la fraude qui peut exister sur la qualité des produits, pas plus que la fraude faite au préjudice du fisc, car nous disons aussi que l'Etat a d'autres moyens pour les réprimer et les faire disparaître.

Nous gardons la conviction la plus grande et la plus certaine que l'Etat tout en apportant la plus grande perturbation dans l'importante industrie de la fabrication et manipulation des alcools, et tout en causant des ruines nombreuses, ne tirerait aucun profit de cette tentative.

Que le prix de l'alcool augmentant dans de grandes proportions, la fraude ne fera que s'accroître par des moyens nouveaux et multiples.

Nous ne pouvons donc qu'affirmer à nouveau le vœu :

Que le Parlement rejette tous les projets de monopole, qu'ils soient à la production à la rectification où à la vente.

L'imagination de nos législateurs est fertile, et dans un but certainement très-louable, ils cherchent à donner à la population une marque de leur attachement. C'est pour prouver le souci qu'ils prennent de la santé publique que le projet de loi sur les fraudes a pris jour.

Le mieux, dit un proverbe, est quelquefois l'ennemi du bien.

Je crois fort que cette maxime, trouve, dans la question des fraudes une application exacte.

Le besoin de légiférer dépasse souvent l'utilité de la réforme que l'on préconise et c'est ici, le cas, car le besoin d'une nouvelle loi pour réprimer la fraude, ne se faisait nullement sentir.

Nous sommes résolus à combattre les fraudeurs sous toutes les formes, le rôle des syndicats commerciaux est de préco-

é ... Le défendre le commerce ... ... ent exercé.
L ... ... ont au commerce honnête une concurrence déloyale qu'il ne
peut pas toujours supporter. Cela n'est
pas tolérable, l'honnêteté doit toujours
triompher.

Envisagé commercialement, le frau-
deur est un ennemi, mais si l'on envisage
les conséquences à l'égard de la santé publique, il est un ennemi bien plus grand
et bien coupable encore.

Mais, est-ce que les lois actuellement
en vigueur ne sont pas suffisantes pour
atteindre le résultat cherché ? Nous ré-
pondon : « si » !

La loi du 27 mars 1851, l'art. 423 du Code pénal sont suffisants pour reprimer
toutes les fraudes.

Une nouvelle loi dans l'esprit du projet
déposé serait tellement rigoureuse qu'elle
risquerait fort d'atteindre le commerçant
de bonne foi, en raison des interprétations inexactes qui pourraient en être
faites. Et cette loi pourrait arriver à ce
résultat de frapper inconsciemment un
commerçant qui n'aura commis aucune
fraude et d'exonérer des fraudeurs qui
auront su prendre toutes les précautions
de dissimulation, à l'abri et avec le concours même de la science qui reste encore
impuissante à découvrir dans certain cas,
le produit falsifié et à le confondre avec
le produit naturel où inversement, à
rester dans l'impossibilité de discerner
l'un de l'autre.

Cette loi est donc prématurée et doit
être repoussée, comme inutile et dangereuse.

Nous tiendrons à peu près le même rai-
sonnement en ce qui concerne *la limitation des débits :*

Nous croyons que la loi du 17 juillet
1880 est suffisante ; elle est au moins facultative dans son application et peut,
par conséquent, s'approprier aux besoins
de chaque localité qui varient sensible-
ment suivant la nature de la population.

Une autre question d'intérêts plus inti-
mes, a été traitée dans notre dernier Congrès, c'est celle relative aux liqueurs de
marques.

Vous aviez justement compris, qu'une
grande collectivité pouvait obtenir de la
part d'un certain nombre d'industriels
ou commerçants en gros, des avantages
pouvant profiter à chacun des membres
composant cette collectivité.

Vous avez chargé votre Bureau d'examiner cette question, j'ai donc le devoir

de vous faire part des efforts qu'il a tenté dans cet ordre d'idées.

Par une circulaire qui a paru dans le
Réveil des Limonadiers et datée du 1
février 1904, une demande a été faite à
toutes les maisons vendant une spécialité suffisamment répandue.

Quelques réponses très évasives nous
sont parvenues sans offre précise et quelques visites ont été faites, à ce sujet à
votre président. Dans l'un et l'autre cas,
on a fait entrevoir les difficultés de faire
des conditions spéciales pour une région
aussi étendue, faisant entrevoir la différence de conditions qui peut exister pour
chaque localité.

Différence provenant surtout des conditions de transport et aussi de la position commerciale de la maison.

Au résumé nos efforts sur ce point ont
été à peu près nuls, mais il s'en dégage
cependant ce fait, c'est que des questions
de cette nature peuvent être traitées d'une
façon plus positive et plus avantageuse
dans chaque localité. C'est en général
l'avis de toutes les maisons qui ne pourraient faire pour l'ensemble de notre fédération, que des concessions médiocres
et présentant des difficultés dans les
rapports ; nous partageons aussi cet
avis.

Votre Conseil Fédéral invite donc tous
les syndicats dans chaque localité, et par
localité quand il y a plusieurs syndicats,
de traiter eux-mêmes avec les maisons intéressées, ils obtiendront certainement,
des prix de faveur pour tous leurs adhérents, dans bien des cas.

Avant d'arrêter ces conditions ils pourraient demander avis au bureau de l'U-
nion Fédérale qui pourrait les renseigner
sur ce qui a déjà été obtenu par d'autres
syndicats, pour les mêmes produits.

Mais le bureau invite tous les syndicats
à lui faire connaître tous les avantages
ou les conditions particulières obtenus ;
nous arriverons ainsi à d'excellents résultats avec plus de facilité et de régula-
rité dans le fonctionnement.

Nous espérons que ces Conseils seront
entendus et mis à profit.

Telle est la suite donnée aux questions
traitées dans le Congrès de 1903.

Mais votre Bureau Fédéral est resté
constamment en haleine à veiller au sort
de toutes les questions qui peuvent de
près ou de loin intéresser la corporation
et je tiens ici à rendre hommage en votre
nom et à remercier devant vous les membres composant ce bureau pour le dé-

ouément qu'ils ont constamment apporté. Ils ont été pour moi des collaborateurs précieux et éclairés avec qui les rapports sont toujours courtois et agréables
et empreints de la plus franche sympathie.

C'est à eux que vous devez d'avoir
maintenu dignement, à sa hauteur res-
pective, le drapeau de l'Union Fédérale,
leurs aptitudes et leurs connaissances
justifient amplement la perspicacité de
votre choix ; ils ont suppléé avantageuse-
ment à l'accomplissement d'une tâche in-
suffisamment remplie et trop lourde pour
les faibles moyens de celui à qui vous
avez fait l'honneur d'accorder votre confiance en le nommant, votre président.

Je remercie tout particulièrement les
membres du Bureau qui habitent loin de
notre ville comme M. Mazaud, votre sympathique vice-président, de St-Etienne,
M. Flachon, également vice-président de
Vaugneray, M. Coudurier, de Chambéry,
M. Joud, de Romans, M. Pellet de Bour-
goin, et M. Girod d'Annecy.

Mais je ne saurais oublier de rendre
tous les hommages dus à M. Mauran, le
directeur du *Réveil des Limonadiers*
pour le dévouement qu'il donne à notre
cause syndicale et la compétence qu'il
apporte à traiter dans l'organe de l'U-
nion Fédérale, toutes nos questions d'intérêts corporatifs.

Je me fais un devoir de le féliciter hautement du talent avec lequel, il dirige
notre journal.

Il me reste, Messieurs à vous parler de
la situation financière de notre Fédération, non pas que je veuille empiéter sur
les prérogatives de notre Trésorier qui
vous fera dans un instant l'exposé complet de notre Bilan, mais il me permettra
de vous exposer moralement l'état de pros-
périté inaccoutumé de notre Caisse.

Grâce aux améliorations que vous avez
introduites dans les nouveaux statuts, les
recettes ont été un peu supérieures à ce
qu'elles étaient précédemment, et nous
font envisager qu'à la fin de l'année il
nous restera une encaisse d'environ
400 francs, c'est presque une fortune.
Mais cette faible somme constitue ainsi
que nos statuts le prévoient le premier
fond de réserve pour la constitution de
notre Caisse de défense. Nous nous sommes engagés par nos règlements à soutenir des questions ou des procès de principe d'intérêt général ; votre Bureau,
dans cet ordre d'idées, a accepté d'accorder son concours dans un procès de prin-

cipe uel n
natu lemen ce éry
déjà une brèc als e just fie a
utilité

Nous devons aussi vous déclarer que
quelques défections se sont produites et
que par suite de dissolutions, ou pour
des raisons d'économies, le nombre de nos
syndicats fédérés a diminué.

Parmi les syndicats qui se sont retirés,
il faut compter l'important syndicat des
Petits Patrons de Lyon, pour des raisons
qui ont été portées à votre connaissance.

Votre Bureau a fait tout son possible
pour éviter cette rupture regrettable. Il
n'a pu réussir à vaincre l'esprit de parti-
pris qu'il y a rencontré et qui avaient
pour base des froissements personnels ;
il espère néanmoins ramener dans notre
famille fédérative cet enfant terrible éga-
ré et à la ferme conviction que sous peu,
il reprendra sa place parmi nous, qu'il
n'aurait pas dû quitter.

La situation de notre Union Fédérale
est donc actuellement satisfaisante et
nous pouvons regarder l'avenir avec confiance, mais il faut le regarder aussi avec
fermeté et avec la volonté d'aboutir.

Dans quelques instants nos travaux
vont commencer, c'est-à-dire que nous
allons aborder la discussion des questions portées à notre ordre du jour.

Quelques-unes de ces questions n'y figu-
rent pas pour la première fois, elles sont
pour nous, déjà de vieilles connaissances,
et il semble qu'elles sont là pour nous
rappeler combien sont faibles et mini-
mes les résultats que nous obtenons.

Si, jetant en arrière, un regard sur le
passé, on met en parallèle, d'une part,
les efforts déployés depuis déjà un grand
nombre d'années, et d'autre part, les résultats obtenus, on est bien obligé de reconnaître combien le besoin de s'unir
pour se rendre plus forts, devient une nécessité toujours plus grande.

Notre profession toujours visée par
rapport à la nature de sa matière commerciale, non seulement n'a pas obtenu
toutes les satisfactions qu'elle réclamait,
mais il me semble au contraire que la
tendance d'aggraver chaque jour, les charges qui pèsent sur elle, s'accentue de plus
en plus.

Cependant nos réclamations sont justes
et légitimes et dans les lois récentes qui
nous ont frappés, malgré nos récriminations, toutes les conséquences fâcheuses
que nous avions prévues et prédites, se
sont produites, telle la loi de 1900.

moins justifiées et surtout plus ou moins étudiées, qui germent dans l'esprit trop fécond de nos législateurs.

On ne peut faire de bonnes lois lorsque systématiquement et de parti-pris on ne veut pas entendre les avis des gens compétents non par leur savoir, mais par l'expérience acquise dans la pratique.

Et c'est ainsi que presque toujours, nous payons la rançon de ces erreurs.

Il ne tient qu'à nous de nous faire entendre, il suffit de nous sentir les coudes.

Vous qui venez ici, témoigner votre esprit de solidarité, qui venez affirmer par votre présence que vous êtes pénétrés de tous ces sentiments, rappelez partout où vous pourrez les indifférents à la cause commune. Groupons-nous et surtout organisons-nous d'une façon bien ordonnée, et quand nous serons maîtres de notre unité d'action, il faudra bien que l'on nous entende et qu'on nous croie.

Non, nous ne sommes pas les défenseurs des privilèges ou des faveurs ; nous ne voulons pas être les protecteurs de la fraude sous quelque forme qu'elle se présente et nous ne voulons pas non plus nous mettre en travers ou retarder les réformes sociales si utiles et si impatiemment attendues, au contraire, nous voulons la loyauté la plus large dans les transactions commerciales et nous voulons aussi, que l'on apporte dans les réformes quelles qu'elles soient, quel que soit leur ordre d'idées, une étude savamment approfondie pour qu'elles ne viennent pas un jour, conséquence d'une décision trop hâtée, ne pas donner à ceux que l'on veut protéger, tous les avantages qu'ils sont en droit d'attendre.

Nous voulons l'équité pour chacun et la place pour tous. En formulant nos re-revendications, nous ne demandons que notre place au banquet de la vie ; et repoussant toutes lois d'exceptions nous ne demandons pour nous que le droit commun, que la loi commune à tous.

Tel est Messieurs et Chers Collègues · l'esprit qui doit dominer dans nos travaux, et c'est cet esprit-là qui éclairera toutes nos discussions et dictera toutes nos décisions.

Cette terminaison est accueillie par les applaudissements unanimes des membres du Congrès.

COMPTE RENDU FINANCIER

La parole est alors donnée à M. Vallet, trésorier, pour la relation de la situation financière de la Fédération.

Messieurs et chers Collègues,

La situation financière de l'Union fédérale, quoique plus florissante que l'année précédente, n'a pas atteint ce que l'on serait en droit d'attendre d'une corporation comme la nôtre, qui devrait tenir la première place parmi les associations les mieux organisées.

Malheureusement, bon nombre de débitants n'ont pas compris les avantages que l'on pourrait retirer d'une solidarité étroite et par ce fait ont marchandé le taux d'une cotisation à nos groupes corporatifs. Il en est donc résulté une sorte de débandade qui a jeté une certaine perturbation dans les finances de quelques syndicats qui ont dû, avec regret, prononcer leur dislocation devant l'indifférence de la majorité de leurs membres.

Mais je ne veux pas m'appesantir sur cette question, laissant ce soin à d'autres plus compétents que moi, qui sauront vous faire comprendre la portée de cette désertion coupable, mes fonctions se bornant simplement à faire défiler sous vos yeux des chiffres qui vous montreront néanmoins la situation exacte de la caisse fédérale arrêtée au 5 octobre courant.

Voici, quel a été le résultat de la vérification de nos écritures :

Recettes

En caisse au 1er novembre 1903	134 80
Cotisations et abonnements divers	5.606 »
Versé par M. Mauran pour différence entre le prix réclamé par l'Imprimeur et celui consenti par lui au Congrès.......	719 55
Total des Recettes......	6.460 35

Dépenses

Indemnité de déplacement aux membres du Bureau résidant hors Lyon	37 35
Payé à l'Imprimeur pour le *Réveil des Limonadiers* et div.	4.565 85
Frais du Congrès de 1903.........	175 80
Envoi de deux délégués au banquet du Syndicat de Dijon...	40 »
Payé pour la mise d'adresses du *Réveil des Limonadiers*...	255 45
Frais de recouvrement.............	46 65
Correspondance et divers.........	118 10
Total des dépenses.	5.239 10

En caisse au 5 octobre . 1.221 25
A cette somme, il y a lieu d'a-
jouter le montant du 2° semestre d'un Syndicat adhér.   61 30
et d'une valeur en caisse au 31
janvier. ....   416 »

Ce qui nous donne comme ressources disponibles.............. 1.698 55

Si l'on tient compte que durant l'exercice écoulé, nous avons été obligé de
faire face aux frais supplémentaires du
Réveil des Limonadiers envoyés pendant
plus de dix mois aux membres des Syndi-
cas dissous durant cette période, il en
résulte de ce fait une moins value de
près de 200 fr. dans les recettes de la Fédération.

Pour être complet, il nous faut ajouter qu'à cette somme de 1698.54, doit venir en diminution le montant de l'Im-
pression du *Réveil* pendant les mois de
novembre et décembre, qui, défalcation
des sommes qui seront versées par M.
Mauran, peut s'évaluer dès maintenant
en chiffres ronds à 600 fr. auxquels viendront s'adjoindre les frais du présent
Congrès, soit environ 200 fr. ; la situation
exacte au 31 décembre 1904 s'établira ap-
proximativement de la façon suivante :
En caisse au 5 octobre............ 1.221 25
Imprimerie et frais du Congrès   800 »

En espèces......... 421 25
Somme à recouvrer du Syndicat
de Privas-Chomérac.............   61 30
Valeur en caisse au 31 janvier   416 »

Voilà, Messieurs et chers Collègues, la
situation exacte de notre bilan, tel qu'il
ressort de nos écritures et dont les membres de votre commission de contrôle ont
approuvé la gestion.

Le Trésorier : VALLET Clovis.

— Mise aux voix, la gestion financière est adoptée à l'unanimité.

Il est ensuite donné lecture des lettres de MM. Guyot et Millaud, sénateurs ; Cazeneuve, Fleury-Ravarin,
Gourd et Brunard, députés, qui s'ex-
cusent de ne pouvoir prendre part aux
travaux du Congrès, puis l'on passe à
l'examen des diverses questions inscrites
à l'ordre du jour.

M. *Mazaud*, président du Syndicat
des Limonadiers et restaurateurs de St-
Etienne, chargé du rapport sur cette
question, expose en ces termes les modifications qu'il y aurait lieu d'apporter au projet soumis à la Commission
permanente du Conseil supérieur du
Travail :

Messieurs et chers Collègues,

Mon rôle de rapporteur dans la question
du « Délai-Congé » est bien simplifié par
le fait qu'à la date du 21 juin 1904, lorsque je déposai cette question au Bureau
de l'Union fédérale, j'ignorais complètement qu'elle fût déjà soumise à la commission permanente du Conseil supérieur
du travail.

Cette commission permanente est ainsi
composée :

Président : M. Keufer. Membres : Mlle
Blondelu, MM. Bouquet, Bouderon, Briat
Chamerot, Charles Roux, Coupat, Des-
landres, Dévillette, Dubief, Dubrujeaud,
Arthur Fontaine, Guérard, Haret, Heur-
teau, Mamoury, Millon, Mussat, Georges
Paulet, Strauss, Touron, Troubat.

Par un rapport de M. Manoury en date
du 18 juillet 1904, concluant à la proposition d'un projet de loi modifiant le texte
de l'article 1780 du Code civil, complété
par la loi du 27 décembre 1890, puisque
cette question est à la veille d'être dépo-
sée au Parlement. Il est bon néanmoins de
vous la communiquer, afin que vous puis-
siez, avec toute connaissance de cause,
vous prononcer sur cette question qui
nous intéresse au plus haut degré.

Projet de la Commission permanente du
Conseil supérieur du travail :

ARTICLE PREMIER

L'article 1780 du Code civil, complété
par l'article premier de la loi du 27 décembre 1890 est modifié ainsi qu'il suit :

Art. 1780. — 1° On ne peut engager ses
services qu'à temps ou pour une entreprise déterminée.

2° Le louage de services fait sans déter-
mination de durée peut toujours cesser
par la volonté de l'une des parties contractantes.

3° Toutefois, sauf dans les cas prévus
aux paragraphes ci-après, la partie qui
prend l'initiative de la résiliation doit pré-

8... ne semaine au
... s'il s'agit d'un ouvrier
... soit un mois au moins
... vanc ... il s'agit d'un employé.

4... Cette disposition n'est pas applicable au cas où le louage de services serait
résilié avant l'expiration d'une période
égale à une semaine s'il s'agit d'un ouvrier ou d'un serviteur, à un mois s'il s'a-
git d'un employé. Elle ne s'applique pas,
en outre, lorsque la résiliation résulte
d'un cas de force majeure ou d'un motif
grave.

5° Les délais ci-dessus fixés pourront
être soit augmentés, soit réduits, soit supprimés pour une profession, une spécialité professionnelle ou un établissement
déterminés, notamment en ce qui concerne les industries où l'usage de délai-congé
n'existe pas, tel que le bâtiment dans la
région parisienne, par des conventions
particulières ou par voie de règlement
d'atelier affiché dans les salles et déposé
au greffe du conseil de prudhommes ou de
justice de paix quinze jours avant son
entrée en vigueur.

6° La partie qui n'a pas observé le délai visé par les dispositions précédentes
est tenue envers l'autre partie à des dommages-intérêts égaux au salaire afférent
au délai qui devait être observé, sans que
l'insaisissabilité du salaire puisse être
opposée dans le cas où le Parlement déci-
derait que le salaire serait insaisissable.

7° Ces dommages et intérêts ne se con-
fondent pas avec ceux auxquels peut donner lieu, en outre, la résiliation du contrat
sans cause légitime, par la volonté d'une
des parties contractantes.

8° La preuve des motifs légitimes sera à
la charge de la partie qui a rompu le contrat.

9° Pour la fixation de l'indemnité à al-
louer, dans ce dernier cas, il est tenu
compte des usages, de la nature des services engagés, du temps écoulé, des re-
tenues opérées et des versements effectués
en vue d'une pension de retraites, et en
général, de toutes les circonstances qui
peuvent justifier l'existence et déterminer
l'étendue du préjudice causé.

10° L'indemnitée due par le patron
en cas de renvoi sans motif légitime, ne pourra être inférieure à une
journée de salaire ou traitement pour
chaque mois de services ,toutes réserves
faites pour les droits résultant de la pri-
vation d'une pension de retraite ou des
autres circonstances prévues au paragraphe 9.

11° Les parties ne peuvent renoncer à
l'avance au droit éventuel de demander
des dommages-intérêts en vertu des dispositions du présent article.

12° Les contestations auxquelles pourra
donner lieu l'application des paragraphes
précédents, lorsqu'elles seront portées devant les tribunaux civils et devant les
cours d'appel, seront instruites comme
affaires sommaires et jugées d'urgence.

ARTICLE II

La présente loi sera applicable un an
après sa promulgation au *Journal officiel*.

Le paragraphe 3 dit : que la partie qui
prend l'initiative de la résiliation doit
prévenir l'autre partie soit une semaine
au moins à l'avance s'il s'agit d'un ouvrier
ou d'un serviteur.

Le paragraphe 4 dit : cette disposition
n'est pas applicable au cas où le louage
de service serait résilié avant l'expiration
d'une période égale à une semaine (c'est-
à-dire période d'essai) s'il s'agit d'un ouvrier ou d'un serviteur. Tels sont les deux
cas qui intéressent notre corporation.

Mais le paragraphe 5 dit : les délais ci-
dessus fixés pourront être soit augmentés,
soit réduits, soit supprimés pour une profession, une spécialité professionnelle ou
un établissement déterminé.

Ce paragraphe 5 modifie singulièrement
les paragraphes 3 et 4 ; il accorde la faculté de réglementer l'usage local dans
chaque profession après entente préalable
entre syndicats patronnaux et syndicats
ouvriers.

Les paragraphes 6, 7, 8, 9, 10, 11, 12 ont
trait aux dommages-intérêts égaux au salaire afférent au délai qui devait être observé.

Ces dispositions me paraissent contenir
des aléas qui seront souvent cause de fré-
quents différends, si ce projet de loi est
voté tel qu'il est élaboré.

Il faut espérer que nos législateurs y
apporteront une modification dans un
sens plus équitable.

En résumé, j'ai l'honneur de proposer
au Congrès ;

1° De sanctionner la teneur de ce projet
de loi sur le « Délai-Congé », en y apportant la modification jugée à propos.

2° D'adresser à la commission permanente du Conseil supérieur du travail un
vœu pour la prompte délibération de ce
projet de loi.

3° Que la mise en vigueur de cette loi
soit applicable un mois (au lieu d'un an),
après sa promulgation au *Journal officiel.*

M. Girardin est d'avis [...] [...]able
rapporteur, mais il estim[...] [...]st difficile de discuter un projet [...] loi au
pied levé. Si le rapport, dit-il, av[...]
été imprimé et distribué comme les autres, quelques jours avant le Congrès,
chacun aurait pu l'étudier et présenter
les observations qu'il comporte.

M. Girardin croit qu'il serait bon, à
son avis, que le Bureau de l'Union fédérale comble cette lacune et qu'il fasse
parvenir aux intéressés, dès qu'il lui
sera possible, un exemplaire du rapport
qui vient d'être lu.

M. Peronnet est du même avis, car la
question des délai-congé est des plus in-
téressantes pour notre corporation et
doit donc, par ce fait, être regardée de
très près. Le texte que l'on vient d'entendre énoncer par le sympathique Président de Saint-Etienne est assez confus
par moment et certains passages peuvent donner lieu à plusieurs interpréta
tions. Mais pour ne pas retarder la solution qu'il y aurait lieu de poursuivre,
le Président de l'Union fédérale propose au Congrès de laisser au Bureau
le soin de rechercher les modifications
qu'il y aurait lieu d'apporter au texte
de la Commission permanente du Conseil supérieur du travail et de les formuler, dans un vœu motivé qui sera
adressé aux Pouvoirs Publics.

— *Cette proposition est adoptée à
l'unanimité.*

M. Lachaux absent au moment où
l'on a discuté le rapport de M. Mazaud, fait connaître la résolution qu'a
prise son Syndicat, dans son assemblée
générale du 3 novembre 1903 :

« L'embauchage comme la sortie des
employés est absolument libre ; l'employé est embauché à l'heure ; il a le
droit de quitter son patron quand bon
lui semble sans que ce dernier puisse
lui réclamer aucune indemnité. Par ré-
ciprocité, le patron se réserve les mêmes
droits en se passant des services de son
employé, à n'importe quelle heure de la
journée, et ne lui doit aucune indemnité. »

De plus, dit-il, nous faisons signer

[...]c
[...] so [...]
naissance du [...] a él[...]
m'engage à m'y c[...] [...]er. »

Cette déclaratio[...] est [c]ontresignée par
le patron, ce qui donne toute garantie
aux deux parties contractantes.

M. Peronnet explique qu'à Lyon, il
existe entre les Syndicats patronaux et
ouvriers de la corporation une con-
vention, qui permet aux employés de
quitter subitement leur tablier comme
au patron de se passer des services de
ces derniers, cela sans indemnité de
préavis. Il croit que le vœu admis par
le Congrès donne toute satisfaction à
notre collègue de Châlon-sur-Saône.

M. Mazaud insiste sur les conclusions
du rapport qu'il a soumis à l'appréciation des membres du Congrès, car jusqu'à ce jour, les contrats intervenus
entre patrons et ouvriers n'ont été reconnus d'une façon formelle par diverses juridictions, en ce sens qu'aucune
législation ne consacre cette manière de
faire.

M. Peronnet croit au contraire que
lorsqu'il s'agit d'entente entre groupes
corporatifs, les contrats intervenus peuvent avoir force légale et il est convain-
cu qu'un arrêt d'un juge de paix rendu
en cet esprit ne peut être contredit par
la juridiction supérieure.

M. Rey déclare qu'à Paris cette législation est en vigueur et aucun
exemple ne peut être cité tendant à in-
firmer cette décision.

M. Mazet estime qu'il est difficile
d'unifier cette question pour toutes les
régions ; c'est pourquoi il y a lieu de
maintenir le vœu qui a été exprimé
dans la première séance.

M. Peronnet est de cet avis, car malgré le préavis spécifié dans la loi, il est
bien difficile d'en déterminer les conséquences. Il y aura toujours des conditions particulières qui détermineront
d'une façon équitable les conditions qui
fiexront, aux termes de l'art. 1780 du
Code civil, les indemnités qui pourraient être dues en pareille occurrence.

[...] c q [...] r ul s
[...]en i [...] s [...] omp e rendu es
[...]ances à [...] e la discussion qui
a eu lieu le matin.

— Cette motion est adoptée.

FÉDÉRATIONS RÉGIONALES

C'est le dévoué président de l'Union fédérale qui est l'auteur de cette innovation qui rendra les plus signalés services au commerce des Boissons. Bien comprise, la création des Fédérations Régionales donnera plus de cohésion aux multiples théories qui sont émises pour la défense des intérêts généraux de la corporation en ce sens quelles seront étudiées et discutées, suivant les besoins de chaque région, puis centralisées et examinées par les délégués de toutes les Fédérations. Il peut sortir de cette nouvelle organisation une ère bienfaisante, qui fera envisager l'avenir avec confiance, parce que la sécurité de notre profession ne sera plus livrée aux caprices du lendemain.

Mais n'essayons pas de disserter à perte de vue sur ce thème et donnons tout de suite la parole à l'éminent autant que compétent rapporteur.

Voici comment s'exprime *M. Peronnet* :

Messieurs et chers Collègues,

Lorsque les législateurs de 1884 voulurent affirmer leur sollicitude pour tout le monde du travail, ils instituèrent la loi sur les syndicats, qui permet aux personnes d'une même profession de se grouper librement pour l'étude et la défense de leurs intérêts corporatifs.

Cette loi constitue une réforme sociale de premier ordre, large de conception, féconde dans les moyens qu'elle met à la disposition des intéressés, par cela, elle est pour ces derniers, une arme qui, utilisée avec méthode et intelligence, peut être d'une grande puissance.

Les avantages qui s'en dégagent, peuvent en apparence offrir plus de facilité dans l'action, plus de satisfaction dans les résultats, parce qu'ils seront plus ou moins directs, selon que les intérêts en cause seront d'ordre industriel ou d'ordre commercial.

Les questions corporatives d'industrie ont trouvé une application plus facile, parce qu'elles sont surtout intervenues [...] même action d [...] n illo [...] ail e qu'el s portent sur e plus matérielles et plus directes.

Directes sont aussi, les conditions de relation entre le patron et l'ouvrier, l'employeur et l'employé, dans le commerce, comme dans l'industrie ; mais lorsque les syndiqués sont des commerçants, leur champ d'action est beaucoup plus vaste, moins précises sont leurs questions d'intérêt et leurs besoins dépendent de tant de choses délicates et complexes que les moyens de défense, multiples aussi, semblent disséminés à des horizons qui échappent, hélas ! à la vue de beaucoup.

Cependant, les intérêts en cause sont tout au moins aussi importants, plus peut-être, mais leur défense est plus difficile parce qu'elle est d'un autre ordre et qu'elle s'étend à une sphère plus élevée.

Si tous les intéressés étaient plus conscients de leurs besoins et de leurs devoirs, s'ils savaient mieux en apprécier la valeur, ils sauraient mieux se secouer et se dépouiller de l'apathie, de l'indifférence, de l'égoïsme même qui les dominent. Ils comprendraient mieux aussi, que précisément parce que la solution est plus éloignée, plus difficile, l'union doit être plus étroite, plus compacte et la cohésion plus grande.

Nulle profession plus que la nôtre ne devrait être pénétrée et convaincue de cette nécessité, parce que nul commerce autant que celui des boissons, n'est sous la domination d'une législation spéciale qui entrave sa liberté d'action qui apporte contre ceux qui l'exercent des ennuis, des tracasseries abusives et fait supporter des charges que nul autre commerce ne subit.

Sans compter ce que les lois en vigueur contiennent d'aléas et de dispositions plus ou moins rigoureuses et plus ou moins précises, susceptibles de permettre à ceux qui ont charge de les appliquer d'exercer, selon leur tempérament ou leur esprit, une intolérance décevante ou une tyrannie onéreuse et insupportable, notre commerce reste sous le coup de menaces permanentes de voir surgir des lois nouvelles apportant encore des entraves et des charges nouvelles.

La nécessité de se syndiquer ne peut donc être contestée et elle a été comprise par un grand nombre d'intéressés.

Mais si l'organisation des syndicats est une nécessité, il faut aussi reconnaître que l'influence que peut exercer séparément chacun d'eux, n'est que relative et qu'en dehors des questions locales pour lesquelles leur intervention peut quelquefois aboutir à des résultats favorables, les satisfactions d'ordre général, sont presque nulles.

Nos principales revendications, sont

d'ordre administratif, c'est aux Pouvoirs publics qu'elles doivent être adressées.

De même qu'un membre isolé ne peut apporter qu'une voix sans force et sans autorité, revêtant le caractère d'une question d'intérêt personnel, de même un syndicat agissant isolément auprès des Pouvoirs législatifs, n'apporterait qu'une voix impuissante et sans écho, nulle dans ses effets et ses résultats, à peine marquée au coin de l'intérêt des représentants de sa localité. Le groupement des syndicats est donc une nécessité aussi impérieuse que le syndicat lui-même.

Ce besoin doit être compris et mis à profit, il devient un devoir quand il correspond à des intérêts aussi légitimes et aussi importants.

Non, l'action de l'individu ne doit pas se limiter à se plaindre et quelques fois récriminer contre les choses, elle doit être l'objet de la volonté de réagir contre les mesures inéquitables qui l'opressent, et pour cela, il faut faire tout le nécessaire : s'unir avec un esprit de solidarité et payer sa quote-part.

Pas davantage, un syndicat ne peut limiter ses efforts au cercle des choses qui le touchent et l'entourent ; il n'accomplit qu'une œuvre incomplète à se borner aux questions locales, il ne répond que d'une manière imparfaite aux vrais besoins de ses membres en se limitant à les soutenir ou les encourager dans de la procédure onéreuse, quand il le fait : combien il est plus sage d'éviter cette procédure en s'efforçant d'obtenir une législation meilleure, Que de la dépense et de l'ennui seraient épargnés si ce résultat était obtenu.

Ce n'est point là de l'utopie c'est une réalité possible et facile.

Quand on songe qu'il existe en France, en chiffres ronds, 500.000 débitants ; que si chacun d'eux, payait en se syndiquant, une cotisation individuelle de 6 fr. (ce qui est le minimum de ce que doit utilement payer un syndiqué), on constituerait annuellement la somme respectable de 3 millions ; que cette somme malgré la subdivision obligatoire de nos organisations, en mettant en notre pouvoir tous les moyens d'action, serait une puissance qu'il est facile d'entrevoir.

Que d'améliorations nous aurions obtenu, ou plutôt que de charges nous n'aurions pas subies, si nous avions été organisés ainsi.

Mais il est temps encore, on le peut, donc on le doit.

La loi de 1884 en permettant la création de syndicats a aussi permis le groupement des syndicats ; il est donc facile, avec le respect que nous devons aux lois de notre pays, d'user de celle-ci avec toute l'ampleur d'esprit qui lui a été donnée.

Il est nécessaire, après avoir groupé les individus, de grouper les collectivités de telle sorte, que tous les besoins, que toutes les aspirations étudiées, se concentrant en un seul faisceau, unifiés en leur forme, puissent être soumis aux membres du Parlement avec une autorité telle, qu'ils n'en puissent détourner leur attention.

Une communion d'idées doit unir tous les syndicats de France de notre profession, tant pour concentrer tous nos efforts dans une même action, que pour apporter à nos revendications une unité circoncise précise, représentant par rapport aux divergences qui pourraient surgir, la moyenne de nos aspirations, propre à dégager de toute hésitation ou de tout embarras, le législateur auquel elles doivent s'adresser.

Ce que nous voulons atteindre est l'organisation Nationale de la défense de nos intérêts, mais une défense effective, portant ses fruits, donnant ses résultats.

Il ne suffit point, qu'une ou plusieurs fédérations de syndicats, se réunisse sur tel ou tel point de la France, élabore et étudie isolément un programme qui lui est propre, il faut arriver à un programme commun et unique ; il faut arriver surtout à une action directe auprès du Parlement et au sein même du Gouvernement, auprès de ses membres pris personnellement.

Toute autre façon d'opérer, court le grand risque de rester stérile.

Il ne faut pas avoir d'illusions sur les moyens, il faut au contraire franchement s'avouer que même une fédération qui dans ses Congrès, use du dévouement de ses membres pour l'étude approfondie des questions d'un réel intérêt, qui les résume dans des vœux et se borne à les faire imprimer pour les distribuer ensuite aux membres du Parlement, n'a fait que des revendications platoniques, car, sans vouloir en faire une critique sévère à l'égard de nos parlementaires qui reçoivent chaque jour quantité d'imprimés, ces vœux passent souvent entre leurs mains sans retenir leur attention, et souvent aussi, n'ont pas même les honneurs d'une lecture. C'est travailler dans le vide et le néant et ce serait presqu'un travail superflu, s'il n'avait aussi l'avantage d'être un enseignement pour les intéressés.

Il reste donc à examiner le moyen le plus efficace pour arriver au but cherché, deux systèmes se présentent : le groupement de tous les syndicats en une fédération nationale ou la création de fédérations régionales qui à leur tour se réuniraient en une Fédération nationale dont le siège social serait à Paris, à la portée des Pouvoirs Publics.

à marquer nos pré...
... ernier système.

... ons régionales ont cet avantage d'être mieux à la portée des syndicats fédérés et par conséquent, de faciliter leurs travaux ; les déplacements sont moins importants et sont donc plus difficilement un obstacle à une collaboration utile.

Mais nous n'ajoutons pas moins d'importance à l'esprit de décentralisation que nous y trouverons.

On ne se défend pas toujours de l'influence des milieux, et pour des raisons multiples, qui tiennent soit de l'influence des personnes, soit d'une conception ou appréciation différente des choses, soit enfin des questions d'intérêt ou des besoins qui peuvent être différents, ou d'un caractère spécial suivant les régions. Il faut remarquer encore que le commerce est quelque peu différent dans chacune par rapport à sa production. Tandis que la consommation porte dans le Nord-Est sur la bière, dans le Nord-Ouest sur le cidre, la plus grande partie de la France consomme le vin de préférence et les spiritueux se consomment partout.

De plus, il nous paraît utile (car il faut bien le reconnaître que les gens du Nord n'ont pas le même tempérament que ceux du Midi), que toutes les questions s'étudient et se condensent avec le tempérament qui appartient en propre à chaque région.

Il n'est même pas nuisible au point de vue de notre intérêt général, que quelques différences d'appréciation sur les questions qui nous préoccupent se produisent.

Il vaut mieux avoir, sur les mêmes questions, l'opinion séparée de plusieurs collectivités, parce qu'alors on apporte à cette opinion, ou une affirmation plus forte, plus autorisée ou, les corrections ou modifications reconnues nécessaires pour la rendre plus précise et plus conforme aux intérêts généraux.

La fédération régionale est comme le premier degré où se rencontrent les idées déjà condensées dans les milieux du premier échelon qui est le syndicat, dans lequel toutes ces questions sont moins savamment étudiées et comprises.

Si à leur tour, ces fédérations viennent se concentrer et former ainsi une Fédération Nationale, nous atteignons un deuxième degré où les idées deviendront plus précises et plus fortes, où la moyenne des opinions, des besoins ou des intérêts, se résume et se présente nette.

Les travaux de cette Fédération Nationale, deuxième degré, seront précis et sérieux, ils seront dépouillés des influences de milieux que nous signalions, ils offriront par conséquent, une réelle confiance, une réelle autorité.

Il est facile de concevoir que cette organisation donnera toute garantie : si l'on considère que la fédération régionale se compose des délégués de chaque syndicat reconnus les plus aptes, qu'ensuite les délégués de chaque fédération qui vraisemblablement, seront pris parmi les membres de l'administration de chacune et qui ont été aussi ceux désignés à l'attention de leurs collègues, on voit quelle sélection se produit naturellement, et l'on comprendra que les travaux de cette Fédération Nationale seront bien l'émanation de tout ce qu'il est possible d'admettre pour l'intérêt de tous, des revendications formulées.

C'est alors que le programme de revendications arrêté et unifié, dépouillé des oppositions ou des contradictions, pourra être soumis aux membres du Parlement, présenté au Gouvernement, avec l'appui même des fédérations régionales et des syndicats, chacun dans leur sphère, et opérer ainsi une action commune et influente.

Le but de toutes les études émanant de cette organisation nationale, n'est pas de se mettre en travers des Pouvoirs Publics, au contraire.

Etrangers aux choses d'ordre politique, nous ne devrons point nous préoccuper des opinions ; nous ne chercherons partout, que des défenseurs de nos intérêts légitimes.

Trop facilement la critique se porte sur les hommes politiques ou les administrations publiques, sans chercher à discerner si cette critique est fondée, si des intérêts trop directs ne vont pas quelquefois à l'encontre d'intérêts légitimes aussi, que le législateur a le devoir de ne pas méconnaître.

Pris entre les désirs et les besoins des uns et des autres, entre les divergences d'idées sur les mêmes questions, le législateur, s'inquiète, hésite et attend.

Il ne faut point le regarder comme possédant la science infuse ; quelle que soit la hauteur de son intelligence et de son savoir, il ne peut connaître tous les besoins de chacun, le mal de toutes les professions, ni posséder la panacée universelle.

Il faut voir en lui, au contraire, ce qu'il est réellement, le mandataire prêt à nous donner tout son dévouement, mais c'est à nous de l'éclairer sur nos besoins, de lui faire connaître nos aspirations. Nous ne devons pas le considérer comme un ennemi toujours prêt à mal servir les causes, mais nous devons au contraire nous présenter à lui comme ses collaborateurs disposés à l'aider dans sa tâche difficile.

Lorsque, bien unis, nous aurons entre nous ramené à leur juste mesure toutes les choses qui nous intéressent, aplani et écarté toutes les oppositions qui pourraient nous diviser ou embarrasser le législateur ; n'ayant plus alors à lui présenter que ce qui est la moyenne des choses possibles, les chances de réussite aur[ont] assez grandi pour nous donner toute confiance dans les résultats.

C'est à cette œuvre que nous convions tous les hommes de bonne volonté, les invitant à fonder où il n'en existe pas encore, des syndicats, pour constituer ensuite par région, des fédérations.

Ces fédérations pourront se créer, selon les circonstances selon les moyens de relations. Elles devront comprendre un aussi grand nombre de syndicats qu'il sera possible, pour trouver les ressources suffisantes.

Dans les sphères officielles, il existe une subdivision par régions qui sont les suivantes :

Première région (Nord-Ouest)

Finistère, Côtes-du-Nord, Morbihan, Ille-et-Vilaine, Manche, Calvados, Orne, Mayenne, Sarthe.

Deuxième région (Nord)

Nord, Pas-de-Calais, Somme, Seine-Inférieure, Oise, Aisne, Eure, Eure-et-Loir, Seine-et-Oise, Seine, Seine-et-Marne.

Troisième région (Nord-Est)

Ardennes, Marne, Aube, Haute-Marne, Meuse, Meurthe-et-Moselle, Vosges, Territoire de Belfort.

Quatrième région (Ouest)

Loire-Inférieure, Maine-et-Loire, Indre-et-Loire, Vendée, Charente-Inférieure, Deux-Sèvres, Charente, Vienne, Haute-Vienne.

Cinquième région (Centre)

Loir-et-Cher, Loiret, Yonne, Indre, Cher, Nièvre, Creuse, Allier, Puy-de-Dôme.

Sixième région (Est)

Côte-d'Or, Haute-Saône, Doubs, Jura, Saône-et-Loire, Loire, Rhône, Ain, Haute-Savoie, Savoie, Isère.

Septième région (Sud-Ouest)

Gironde, Dordogne, Lot-et-Garonne, Landes, Gers, Basses-Pyrénées, Hautes-Pyrénées, Haute-Garonne, Ariège.

Hui[tième ré]g[i]on

Corrèze, C[antal,] Lo[t, A]y[eyron, Lo]zère, Tarn-et-Garonne, Ta[r]n, [H]érault, Aude, Pyrénées-Orientales.

Neuvième région (Sud-Est)

Haute-Loire, Ardèche, Drôme, Gard, Vaucluse, Basses-Alpes, Hautes-Alpes, Bouches-du-Rhône, Var, Alpes-Maritimes.

Dixième région

Corse.

— Mais ces subdivisions ne peuvent rien avoir d'obligatoire, à l'exemple de notre fédération qui compte les régions de l'Est et du Sud-Est, deux régions peuvent se fédérer ou plusieurs départements, nous le répétons, suivant les circonstances.

Pour faciliter cette création nous offrons à titre indicatif, nos statuts, pour servir de base à leur formation ou les adopter, s'ils plaisent.

Nous espérons, qu'on aura su comprendre les sentiments qui nous animent, que voulant d'une façon effective la défense de nos intérêts, une organisation pratique, forte, doit en être le moyen, avec la collaboration de tous en général et de nos amis de Paris en particulier.

Alors notre corporation dont l'importance commerciale dans notre pays, peut être placée au premier rang, retrouvera une considération qu'on lui dispute et suivant loyalement et honnêtement sa voie, elle reprendra la place qui lui est due.

Une salve d'applaudissements accueille la terminaison de cette étude et M. Peronnet est l'objet des plus vives félicitations de la part des délégués.

M. Christophe, au nom de l'Union Syndicale de Paris, après avoir félicité M. Peronnet sur la conception de son rapport, qui relate tout ce que l'on pourrait dire sur cette question, fait ressortir que la tentative que veut faire l'Union fédérale n'est pas neuve. En 1886-1887, les Syndicats Parisiens ont essayé de grouper des syndicats en Fédération ; mais à cette époque il existait très peu de groupes corporatifs et quoique cela on parvint à en constituer une.

Il souscrit tout entier à l'initiative prise par l'honorable Président de la Fédération du Rhône et estime que la meilleure manière de grouper dans un faisceau plus compact, les forces que

à ... ó ... ce ... és boissons, se-
... France en cinq ré-
...ions et no ...essayer à diviser à l'infini
les sièges qui auront pour mission de
défendre les intérêts corporatifs.

M. Peronnet fait remarquer que les
indications qu'il a fournies sur la division des régions n'ont rien d'impératif ;
il estime, au contraire, que le nombre
des Fédérations régionales doit être des
plus restreints car les ressources ne seraient pas suffisantes pour couvrir les
seuls frais d'administration.

Du reste, dans les conclusions de son
rapport, il laisse la porte ouverte aux
diverses propositions qui pourront être
émises, le Congrès étant maître souve-
rain de dicter sa décision.

M. Tollard a une conception tout autre et croit que vingt fédérations trou-
veraient place dans toute l'étendue du
territoire Français.

M. Peronnet dit que l'idée est rece-
vable, mais il craint que l'on ne puisse
la réaliser, car si l'on veut arriver à
grouper les syndicats qui existent ou
en former dans les localités où il n'en
existe pas, des déplacements seront nécessaires, déplacements qui entraîne-
ront pas mal de dépenses auxquelles
ne pourra suffire la cotisation de quelques syndicats.

M. Girardin rend hommage au travail de M. Peronnet et démontre clai-
rement que les Fédérations actuelles
ne peuvent, malgré leur bonne volon!
et en dépit des éléments qui les constituent, faire grand'chose en ce sens que
les Parlementaires reçoivent chaque
jour une quantité par trop considérable
de papiers et auxquels ils ne peuvent
prêter toute leur attention. Tandis
qu'avec le système préconisé par notre
sympathique Président, les délégués des
quatre ou cinq fédérations régionales
se réuniraient avec ceux de la Fédération centrale dont le siège serait à Paris et pourraient, une fois leurs travaux
terminés se rendre en délégation auprès
des Pouvoirs Publics qui ne pourraient
moins faire que d'accueillir avec bien-
veillance les doléances qui leur seraient
présentées.

Il accepte en principe l'idée géné-
reuse qui a germé dans l'esprit de M.
Peronnet, mais il est d'avis qu'il ne
faut pas essayer de créer tout d'un coup
cette nouvelle organisation, l'expérience
ayant déjà démontré qu'il faut compter
avec l'apathie et l'indifférence d'un bon
nombre de débitants.

M. Peronnet remercie les délégués
des témoignages de sympathie qu'ils
viennent de lui témoigner à l'occasion
du rapport qu'il a dressé, et il déclare
que la seule idée qui l'a guidé dans ce
projet d'organisation a été celle de la
défense des intérêts généraux de la corporation.

Après l'adoption du Rapport sur les
Fédérations Régionales l'ordre du jour
de la première séance étant épuisé, *M.
Peronnet* fait part au Congrès de la
très grande perte que vient de faire la
cité lyonnaise en la personne de M. le
docteur Gailleton dont il fait l'éloge,
et invite tous les délégués à assister à
ses obsèques qui auront lieu à 1 h. 1/2.
Afin de ne pas retarder les travaux du
Congrès, il demande aux délégués s'ils
sont d'avis d'examiner quelques questions avant d'aller déjeuner, la deuxième séance ne devant s'ouvrir qu'à trois
heures.

Cette motion étant adoptée l'on passe
à l'ordre du jour.

LES LICENCES D'ÉTAT

M. Lachaux, président du Syndicat
de Chalon-sur-Saône, déclare tout d'a-
bord que, désigné par le Bureau de
l'Union fédérale pour lui adresser un
rapport sur la question si intéressante
des licences d'État, il ne s'étendra pas
outre mesure sur ce sujet suffisamment
étudié et discuté à tous les Congrès
des Débitants de boissons.

Je m'attacherai simplement, dit-il, à
essayer de faire ressortir l'injustice de
cet impôt, qui, frappant le seul commerce des boissons, est, par ce fait,
la négation absolue de l'égalité du
commerce devant l'impôt.

Avec la loi de 1816, les licences représentant un impôt d'ouverture de
d...it, étaient généralement acceptées

2

sans trop de récriminations, en raison de leur modicité relative ; mais la loi de 1897 aggravée encore par celle du 29 décembre 1900 a élevé le taux des licences dans des proportions absolument anormales, ainsi dans une ville comme Chalon-sur-Saône par exemple, la licence de quatrième classe a été portée de 40 à 175 francs, c'est-à-dire presque quadruplée, dans d'autres villes plus importantes, l'écart est plus considérable encore.

Nous sommes donc fondés à dire qu'un impôt, qui n'est en somme qu'une deuxième patente, augmenté dans de semblables proportions est arbitraire au premier chef, et que nous devons faire tous nos efforts pour arriver à sa suppression.

Si le principe même des licences est injuste, que dire de sa classification. C'est là que l'injustice et l'arbitraire se donnent un libre essor : un exemple entre mille.

Prenons deux établissements situés côte à côte, et classés tous deux dans la catégorie des cafés avec billard, l'un de ces établissements ayant un loyer de 3.000 francs avec plusieurs garçons, l'autre avec un loyer de 800 francs, exploité par son seul propriétaire, quelquefois une veuve (cet exemple n'est pas rare à Chalon), il est certain que le premier fait un chiffre d'affaires six, huit ou dix fois supérieur au second, sa valeur marchande sera également supérieure dans les mêmes proportions.

Ces deux établissements, situés à Chalon, paieraient respectivement la patente suivante :

1er établissement, patente fixe 30 »
Patente proportionnelle 30°
  de la valeur locative..... 100 »
Centimes additionnels (1 fr.
  10580) 151 57

Total........ 281 57

2e établissement, patente fixe 30 »
Patente proportionnelle 30°
  de la valeur locative..... 26 67
Centimes additionnels..... 66 07

Total........ 122 74

Différence de rente, lié, et cependant tous deux paie la même licence de 175 francs, tout simplement parce que la classification en a été faite sur le seul chiffre de la patente fixe, au lieu d'avoir tenu compte également de la patente proportionnelle et des centimes additionnels.

Pourquoi une même licence à ces deux établissements si différents et les écarts très sensibles existant entre les diverses catégories de débitants d'une même ville ?

Que dire également des différences énormes existantes, entre débitants de même classe, habitant des communes de diverses importances, 45 fr. pour les communes de 500 habitants et 270 fr. pour les communes de 100,000 habitants, toujours pour la 4e classe, qui me sert de type.

Rien de plus faux, cependant, que de dire qu'un établissement de cette catégorie (comme de n'importe quelle autre du reste) situé dans une ville quelconque, fait forcément plus d'affaires qu'un autre établissement similaire, situé dans une commune de moindre importance, mais alimenté par une clientèle de passage étrangère à la localité, le contraire est plus souvent la réalité.

Cet état de choses est encore aggravé par les licences municipales fixes et proportionnelles, qui font quatre impôts de même nature à la charge de notre commerce, dans un grand nombre de villes.

En conséquence, j'ai l'honneur de proposer au Congrès le vote du vœu suivant :

Considérant que la loi du 29 décembre 1900 a aggravé considérablement le régime des licences, que cependant celles-ci, constituant un impôt de superfétation, une seconde patente spéciale au commerce des boissons, n'étaient considérées comme acceptables qu'en raison du chiffre modéré de l'ancien tarif, que toutes les législations antérieures s'étaient refusé à relever ; qu'aujourd'hui, quintuplées pour une certaine catégorie de débitants, les nouvelles licences ont provoqué chez les détaillants une perturbation très grande, qu'elles sont une cause de gène excessive, sinon de ruine pour les petits débitants.

Considérant également que l'alcool soumis aux droits est presque exclusivement consommé chez les débitants de boissons, que par conséquent l'augmentation sensible de l'impôt sur cette matière constitue une charge suffisante aux débitants dans les villes ayant supprimé les droits d'entrée sur les boissons hygiéniques, émet le vœu :

1° Que les licences d'Etat soient supprimées complètement, mais que si des nécessités budgétaires trop grandes obligent l'Etat à les maintenir quelque temps encore, elles soient tout au moins, et de suite, ramenées à leur ancien tarif ;

2° Qu'en ce qui concerne les licences municipales, les articles 4 et 7 de la loi du 29 décembre 1897 soient supprimés.

M. Girardin estime qu'on ne peut qu'appuyer la proposition de M. Lachaux et fait ensuite l'historique de la Licence qui, à l'heure actuelle, constitue une double patente mise à la charge du Commerce des Boissons.

Bien que le ministre des finances soit disposé, dit-il en terminant, à en diminuer le taux, il se trouvera pas mal d'obstructionnistes à cette sage mesure car s'il existe dans le budget un seul chapitre qui n'est pas donné des mécomptes, c'est bien celui-là.

Nous ne devons pas moins appuyer de toutes nos forces la proposition faite par notre collègue de Chalon-sur-Saône et faire tous nos efforts pour arriver à un résultat.

M. Peronnet fait remarquer que la loi du 29 décembre 1897, par l'application des licences municipales, est venue aggraver la situation des débitants qui paient ainsi le triple des autres commerces. Or, si l'on se reporte à la discussion de la loi du 29 décembre 1900, il est facile de constater qu'en

demandant une diminution sur le tarif proposé par M. Caillaux, quelques députés étaient mus d'un bon sentiment; mais ils ont eu quelques torts de ne pas considérer qu'en se basant sur la patente, où il existe un droit fixe et un droit proportionnel, ils allaient surcharger dans de notables proportions les débits de moindre importance et faire supporter, toute comparaison gardée, presque tout le poids de la réforme. Il appartient en l'occurrence de faire redresser cette erreur en formulant un vœu énergique et le transmettre aux Pouvoirs Publics avec les considérants qu'il comporte.

M. Mazet dit qu'à Montélimar, la patente du débitant est imposée plutôt sur l'aspect de la façade que sur la valeur réelle de l'établissement.

M. Milliet donne quelques explications sur la manière dont est appliqué le classement spécial spécifié par la loi de 1902, et qui est, selon lui, contraire à l'esprit même de la législation. Il demande ensuite à M. Girardin s'il ne pourrait pas tenter une démarche auprès du Ministre des Finances, afin que les employés d'administration ne donnent pas une autre interprétation que celle qu'ont bien voulu donner nos parlementaires en votant les lois actuellement en vigueur.

M. Girardin fait remarquer qu'il est préférable de s'adresser au Directeur des Contributions indirectes qui est toujours disposé à rappeler les commis de son administration à l'application des règlements dont il a la charge d'assurer la stricte exécution. Il se met à la disposition de ses camarades de Lyon, et dès qu'il sera en possession des documents nécessaires, il se fera un plaisir de se déranger.

M. Peronnet remercie M. Girardin de son offre et dès qu'il aura en main les pièces que le syndicat de Lyon doit réunir, il le mettra à contribution.

Ceci dit, le rapport de M. Lachaux ainsi que le vœu qui l'accompagne sont adoptés.

LES BUREAUX DE PLACEMENT

M. Milliet, secrétaire général du syndicat de Lyon (Sud-Est), chargé de rechercher le système qui conviendrait le mieux pour le placement des employés, conclut en ces termes :

Messieurs les Membres du Congrès de l'Union Fédérale.

Voici, tout d'abord le résumé de la loi nouvelle, votée par le Parlement, applicable en France et en Algérie :

Elle comporte en premier lieu la suppression des bureaux de placement payants qui existent. Cette suppression peut être prononcée par une simple délibération du conseil municipal, mais elle est facultative ; une fois décidée elle doit s'étendre à tous les bureaux de la commune qui font le placement pour une même profession. D'autre part, elle donne lieu à une indemnité qui, pour les bureaux supprimés dans un délai de cinq ans, doit représenter leur prix de vente à l'époque de la promulgation de la présente loi ; à défaut d'entente, cette indemnité est fixée par le Conseil de Préfecture.

En second lieu, la loi stipule — et c'est là une innovation importante — que les frais de placement seront désormais à la charge de l'employeur, par extension des principes appliqués dans certaines corporation, telles que l'épicerie et la charcuterie.

Enfin, le législateur organise le placement gratuit. A cet effet, il déclare que les bureaux de placement gratuits pourront être créés sans aucune espèce d'autorisation, non seulement comme sous le régime des lois antérieures par les municipalités et syndicats profesionnels, mais encore par les Bourses de Travail, les compagnonnages, les sociétés de secours mutuels, et d'une manière générale par toutes les autres associations légalement constituées. La seule formalité exigée de tous les bureaux annexés à ces associations, autres que ceux créés par les municipalités, consiste dans une déclaration faite à la Mairie de la commune où ils sont établis, qui a pour but de notifier le ouver e tant l rité qu'au public.

D'autre part, le l ateur soumet les municipalités à l'obligation de créer dans toutes les communes ayant plus de 10.000 habitants un bureau de placement gratuit, et de tenir partout ailleurs à la disposition du public un registre contenant les offres et demandes d'emplois, auxquelles seront jointes les notices individuelles fournies par les demandeurs de travail.

Les Bureaux de placement gratuits jouissent donc, sous ce nouveau régime, d'une grande liberté sous le contrôle du Préfet de police à Paris ; du Préfet du Rhône à Lyon, et de l'autorité municipale dans toutes les autres communes.

La loi favorise, en outre, leur publicité dans une large mesure, en exemptant du droit de timbre toutes leurs affiches, imprimées ou non, relatives à des offres ou demandes d'emplois.

Enfin, elle interdit formellement à tout logeur, restaurateur, hotelier ou débitant de boissons, de joindre à son établissement la tenue d'un bureau de placement.

Toutes ces dispositions sont naturellement sanctionnées par des pénalités diverses.

Les Bureaux de nourrices et agences lyriques sont exceptés de la présente loi.

Ceci exposé, nous devons d'abord nous féliciter de la suppression des Bureaux de placement, qui, entre les mains de beaucoup étaient devenus une exploitation honteuse du travailleur, et souvent causaient des sérieux désagréments aux employeurs.

Nous avons à rechercher la meilleure façon de faire pour remplacer les bureaux payants, en sauvegardant le mieux possible les intérêts des patrons et des employés de notre profession ; inutile de dire que nous ne consentons pas à payer le placeur nous-mêmes.

Le Bureau gratuit municipal rendrait-il des services suffisants pour donner satisfaction à notre profession ? Nous ne le croyons pas, car il ne connaîtra pas assez les sujets de tous métiers qu'il plaa div… se… e … i, car … ne … pour … le trava[i]l … varier beaucoup avec le genre de ch[aqu]e établissement. Le Bureau municip[a]l prendra le premier employé [s]ans travail inscrit et l'enverra à la première demande qui sera faite, le 2ᵉ inscrit à la 2ᵉ demande et ainsi de suite, sans s'inquiéter si l'homme convient à la place.

Il nous reste les syndicats patronaux, ouvriers et les sociétés de secours mutuels. Le syndicat patronal qui pratiquerait le placement serait certainement très sérieux, mais bien du travail, bien des difficultés, quelquefois même des inimitiés pourraient naître contre ceux qui auraient pris la tâche de s'en occuper.

Le syndicat ouvrier nous semble trop imbu de l'idée qu'il est créé pour la défense des intérêts de l'ouvrier et surtout que la défense de ces intérêts doit avoir pour base primordiale la guerre contre le patronat, comme si tout ouvrier, dans notre métier surtout, n'aspirait pas à devenir lui-même un peu patron un jour, et ce jour alors quitterait absolument ses idées de la veille à cet égard.

La société de secours mutuels, seule, nous semble réaliser le mieux ce qu'il faut pour avoir le bureau de placement sérieux, notre chambre syndicale a déjà dû envisager la question du placement et a cru bien faire de la résoudre dans ce sens-là. Les syndicats patronaux entretiennent partout de bonnes relations avec les sociétés de secours mutuels, qui sont des organisations sérieuses, secourant les malades et créant des retraites aux ouvriers. Dans beaucoup de villes, les patrons d'établissements sont membres honoraires desdites sociétés par conséquent les encouragent de leurs deniers. C'est donc à nous maintenant plus que jamais à les encourager de toutes façons, puor arriver à ce que le syndicat patronal ait une grande influence sur l'organisation ouvrière, et la guide si cela est nécessaire, dans l'opération délicate du placement ; cela rencontrera certainement quelques difficultés, quelques erreurs dans les commencements, mais peu à peu l'on doit arriver avec cet organisation très vivante, très indépendante, dont la direction a beaucoup d[e] connaissance au point de vue des sujets qu'elle place, à un excellent résultat.

Dans ce rapport nous avons l'air d'intéresser spécialement les grandes villes, possédant sociétés de garçons et sociétés de cuisiniers, mais nous croyons aussi intéresser les villes de si petite importance soient-elles, car elles auront toujours pour ressource de s'adresser à la grande ville, où les syndicats patronaux agiront de leur mieux dans l'intérêt général de la corporation.   MILLIET.

Mis aux voix, le rapport est adopté.

La séance est levée à 11 heures trois quarts et renvoyée à 3 heures.

Séance de l'après-midi

La séance est ouverte à 3 heures et quart. Bon nombre de délégués qui n'avaient pu arriver par les trains du matin, assistent à la séance.

On reprend immédiatement la suite de l'ordre du jour.

DÉBITANTS DE CRU RÉCOLTANTS
(PORTE-POT)

M. Coudurier, président du syndicat de Chambéry, prend tout de suite la parole.

Le débitant de cru est le propriétaire récoltant qui veut écouler sa récolte, soit en gros, soit en détail, soit sur le lieu de récolte, soit en dehors du lieu de récolte.

Le débitant de cru dont je vais m'occuper dans cet exposé, est celui qui vend en gros ou en détail, son vin hors du lieu de récolte. Ce dernier s'intitule porte-pôt.

Les débitants de cru dits porte-pot, croissent et se multiplient tellement que nous avons le légitime droit de nous en émouvoir, car c'est l'existence d'un grand nombre de petits débitants qui est en jeu.

Ne voyez-vous pas, Messieurs, dans vos diverses villes, se créer dans les quartiers populeux, ces porte-pôt vendant le vin à raison de 7 sous les deux litres. Qu'arrive-t-il ? Les petits débitants qui se trouvent à proximité de ces caves, entrepôts et qui vendaient à emporter moyennant un léger bénéfice, ne peuvent non seulement plus compter sur cette vente, mais sur une différence sensible sur le chiffre de ses affaires, car le consommateur trouve encore à consommer sur place dans lesdites caves à un prix infime de bon marché.

La logique vous conduit forcément à vous poser les questions suivantes :

Qu'est ce vin ? Que sont ces caves ? Le vin arrive généralement des départements vinicoles, tels que l'Hérault, le Gard, etc. Il peut être naturel dans les années de surproduction, il doit être frelaté dans les années de récolte médiocre. Il est impossible qu'il en soit autrement, car on ne peut pas admettre facilement qu'on puisse vendre avec beaucoup de bénéfices 3 sous et demi un litre de vin, alors que ce prix est à peine le prix de revient du vin naturel, lorsque, pour arriver à l'avoir en cave, il a fallu passer par toutes les coûteuses mains-d'œuvre et les dépenses sérieuses, obligatoires pour combattre les terribles maladies qui sévissent sur la vigne depuis plusieurs années.

Qui sont les propriétaires de ces dites caves ? Quelles sont les lois qui les régissent pour qu'ils aient tant de facilité à vendre bon marché ?

Les propriétaires sont des soi-disant viticulteurs ou propriétaires récoltants à qui les lois antérieures et tout dernièrement la loi du 30 décembre 1890 confère le droit de vendre leur récolte, n'ayant à payer que la plus petite licence d'Etat et n'ayant pas à payer de patente. Il a pour ce faire simplement formulé une déclaration au bureau de la régie de l'endroit où il veut faire ses ventes, vous voyez dès lors, Messieurs, le gros avantage qu'ont les propriétaires récoltants sur les débitants ordinaires, lesquels n'ont pas eu la chance d'être propriétaires de vignoble, mais lesquels en revanche sont accablés d'impôts de toute nature.

Faut-il vous dire encore que ces propriétaires ne récoltant que vingt hectos de vin peut, en vertu de la circulaire 436 du 5 mars 1901, en vendre des centaines d'hectos sans avoir à payer patente, puisque ladite circulaire lui donne le droit de mélanger à ses vendanges ou aux fruits de sa récolte, des vendanges ou des fruits d'achat.

Les mêmes avantages sont accordés aux récoltants vendant en gros leurs produits sans avoir à payer de licence ni de pa-

tentes. L'administration n'est pas suffisamment armée pour s'assurer s'il y a fraude ou non. Dans ces conditions, deux questions se posent : 1° Les débitants de cru de départements vinicoles, venant vendre en gros dans un département mixte non seulement son propre vin, mais celui de ses voisins ; 1° portent préjudice aux marchands de vins en gros de la localité où ils s'installent ;

2° Portent préjudice à toute la région vinicole où ces ventes ont lieu. Nos viticulteurs qui attendent après leur récolte pour faire quelque argent, se trouvent obligés de vendre leurs excellents vins, un prix dérisoire, par suite de cette concurrence déloyale autorisée par la loi ;

Mais le cas qui doit retenir toute notre attention est celui du porte-pot qui est appelé dans un bref délai, si nous n'y apportons pas remède, à supplanter tous nos petits et honorables débitants.

Pour traiter cette question, je demande aux membres du Congrès à ce qu'ils soient radicaux. Il n'y a que deux moyens de voir les choses.

Doit-il y avoir deux poids et deux mesures ? J'en suis pour la négative. Alors, demandez aux pouvoirs publics à ce que propriétaires ou non propriétaires soient traités de la même façon, lorsqu'il s'agit pour les propriétaires récoltants, de vendre en dehors du lieu de récolte, en gros ou en détails, ils devront, ce qui est logique, prendre lieu et place de négociants en gros et en détail, n'étant exonérés d'aucune taxe, encore bien moins de la patente.

Pour ma part, je verrais seulement un seul cas où les propriétaires récoltants pourraient être avantagés en dehors du lieu de récolte : Ce serait dans les départements de l'Ouest, du Nord et de l'Est, ou autrement dit, dans tous les départements non vinicoles, pour permettre à toute la population de la France, d'avoir le vin, produit français, à la portée de toutes les bourses.

En conséquence, j'ai l'avantage de soumettre à l'approbation du Congrès les résolutions suivantes :

Considérant que les lois actuellement en vigueur sur le régime des boissons accordent un injuste privilège aux propriétaires récoltants en les exonérant de la licence et de la patente, lorsqu'ils vendent en gros le produit de leur récolte hors du lieu de franchise, qu'ils ne leur est demandé que la plus petite licence lorsqu'ils font cette vente au détail.

Considérant que, par la circulaire 436 du 5 mars 1901, un petit récoltant peut devenir un gros débitant de cru en mélangeant, puisqu'il le peut, aux vendanges ou aux fruits de sa récolte des vendanges ou fruits d'achat.

Considérant que l'on peut difficilement concevoir que celui qui est déjà propriétaire puisse bénéficier d'un privilège que n'a pas celui qui n'a pas le bonheur de l'être.

Considérant que la consécration officielle de ce privilège porte gravement atteinte aux intérêts de diverses catégories de citoyens, savoir :

1° Aux viticulteurs des régions de moyenne production qui se voient dans l'obligation de réduire considérablement leurs prix de vente, quand des vins étrangers à ces régions sont importés pour la vente à de bas prix.

2° Aux marchands de vins en gros dont les charges sont lourdes.

3° Aux petits débitants qui sont accablés par des frais généraux excessifs auxquels viennent s'ajouter les droits onéreux de licences et de patentes.

Considérant qu'il est légitime que le propriétaire récoltant qui veut prendre lieu et place d'un marchand de vins en gros ou en détail hors du lieu de récolte, soit soumis aux mêmes taxes que ces derniers.

Considérant cependant que si les propriétaires récoltants doivent bénéficier du privilège que leur confère les lois actuelles, ce ne devrait être que pour la vente de leurs produits dans les départements non vinicoles, à seule fin de faire que le vin, produit français, soit accessible à toutes les bourses.

Par ces motifs,

Demandent aux pouvoirs publics à faire cesser cet état de choses préjudiciable surtout aux petits débitants, en abolissant l'injuste privilège conféré aux propriétaires récoltants.

En attendant que cette juste réforme aboutisse, seraient désireux de voir les administrations compétentes, directes et indirectes, s'entourer de tous les moyens en leur pouvoir pour faire cesser ces regrettables abus, si préjudiciables aux honorables commerçants qui peinent et surtout paient.

Le Congrès émet le vœu :

1° Que les propriétaires récoltants vendant en dehors des lieux de récoltes soient astreints aux mêmes charges que les commerçants ;

2° Que l'administration des contributions indirectes poursuive rigoureusement ceux qui, n'étant pas propriétaires récoltants, se feraient passer comme tels à seule fin d'être exonérés de la patente ;

D'autre part, que la même administration surveille sévèrement le petit propriétaire récoltant, pour que ce dernier ne puisse vendre que le produit de sa récolte.

M. Girardin ne s'explique pas pourquoi nos collègues des départements non vinicoles sont ainsi lésés.

M. Lachaux estime que la mesure doit être étendue dans tous les départements. Les récoltants sont assez favorisés, et il n'est pas excessif de demander à ce que tous les débitants récoltants aient les mêmes charges.

M. Péronnet fait une observation appuyée sur l'art. 8 de la loi du 29 décembre 1900.

M. Lachaux fait remarquer que les propriétaires récoltants ne paient que la demi-licence, et que l'on voit des propriétaires qui vendent 400 pièces de vin bien qu'ils n'en récoltent que 100, il n'est pas difficile de deviner un abus qu'il faut faire cesser.

M. Coudurier déclare qu'il y a là une anomalie flagrante qu'il appartient à l'Union fédérale de faire disparaître.

M. Auboyer insiste pour que toutes les charges impliquées à l'art. 8 soient imposées à tout le monde.

M. Girardin demande à ce que le vœu suivant soit proposé au Congrès :

Le Congrès émet le vœu :

1° Que les propriétaires récoltants vendant en dehors des lieux de récoltes soient astreints aux mêmes charges que les commerçants ;

2° Que tout employé au service de l'Etat, départements ou communes, soit mis dans l'obligation de ne faire aucun acte de commerce et de représentation et que les circulaires ministérielles à ce sujet soient rigoureusement appliquées.

Le bénéfice du commerce devant être exclusivement réservé à ceux qui en supportent les charges.

M. Coudurier dit que la circulaire 436 qu'il vise dans son rapport, peut porter le plus grand préjudice à notre corporation.

M. Mazet est d'avis qu'il importe de signaler aux administrations compétentes tout fonctionnaire qui se livre à des actes commerciaux.

M. Tollard juge qu'il serait bon, dans ce cas, d'adopter le vœu suivant émis par la Chambre de commerce de Cherbourg :

Considérant que les fonctionnaires de l'Etat font des placements ou de la représentation en se servant de leurs relations administratives ;

Qu'ils profitent, au moins la plupart, de réduction de tarif pour voyager sur les chemins de fer ;

Qu'en outre ils ne sont pas assujettis à l'impôt des patentes ;

Que, dans ces conditions, les commerçants se trouvent, à leur égard, dans un état d'infériorité qui constitue une concurrence qui devient dès lors déloyale ;

Emet le vœu qu'il soit interdit à tout fonctionnaire de l'Etat d'exercer un genre de commerce ou de représentation quel qu'il soit et invite son président à prier MM. les ministres compétents de tenir fermement la main à cette juste interdiction.

M. Coudurier demande à ce que l'on fasse la division.

M. Péronnet met aux voix la division qui est adoptée ainsi que les deux parties proposées par M. Coudurier et M. Girardin.

Le président lit ensuite la dépêche suivante qu'il vient de recevoir du président du Comité de l'Alimentation parisienne.

Lyon-Paris, 12 octobre, 5 h.

Veuillez représenter Chambre restaurateurs et limonadiers de Paris sur la question limitation. Votez ferme contre toute entrave à notre liberté commerciale sur la question accidents du travail. Dites à nos collègues combien leur adhésion morale à notre société me serait agréable, présentez à nos amis toutes mes amitiés et mes vifs regrets de ne pouvoir être au milieu de vous ; merci et sincères affections.

MARGUFRY.

LA L... R... S

C'est à M. Segré[...], [bu]reau de l'Union fédérale qu'incombe lourde tâche de dresser un rapport sur ce sujet. Nous constatons qu'il l'a fait avec la plus grande compétence, et qu'il a fourni à l'appui de ses allégations les plus sérieux documents.

Du reste, voici la teneur de son rapport :

Chers collègues,

Dans ses séances des 24 janvier et 2 février 1899, le Sénat a adopté un projet de loi sur la répression des fraudes dans la vente des marchandises et des falsifications des denrées alimentaires et des produits agricoles, dont les dispositions étaient destinées à prendre la place de celles insérées dans le livre III, titre III, chapitre Ier, du Code rural intitulé : « Des Fraudes et des Sophistications. »

Ce projet n'ayant pu être adopté, en temps voulu, par la Chambre des Députés, devint caduc, de sorte que le Gouvernement, par la personne du Ministre de l'Agriculture, l'a présenté de nouveau à la Chambre.

Ce projet de loi, Messieurs, vous le connaissez tous, pour avoir été déjà discuté plusieurs fois dans nos Congrès précédents, et inséré dans notre bulletin officiel.

Les Chambres syndicales soumirent en temps voulu leurs légitimes observations sur ce projet néfaste, mais le Gouvernement n'en tint aucun compte.

Le but de cette loi est surtout d'atteindre la falsification. Dans ce cas, il faut avant tout rechercher la falsification originaire, et ne pas se borner à frapper tous les commerçants qui ne sont souvent que les victimes innocentes de l'application d'un texte de la loi mal interprété, quand les vrais coupables ne sont nullement inquiétés.

Il est à craindre que toute la sévérité de cette loi ne retombe que sur les honnêtes commerçants victimes des fraudeurs qui, grâce aux progrès incessants de la chimie, sauront échapper aux prévisions du législateur.

à l'hygiène publique, … or la loi toute une catégorie … marçants et leur appli-
quer … station exceptionnelle et
rigoureuse les mettant à la discrétion
de l'administration.

Si la Justice ne se trouve pas suffisamment armée contre les falsifica-
teurs, par les textes existants, il est
possible par une étude approfondie,
d'arriver à une réforme sérieuse, mais
non comme l'indique l'honorable rapporteur qui préconise une unification
des dispositions générales des lois ré-
pressives sur les fraudes. A cet effet,
il a annexé à son rapport une comparaison de la proposition actuelle avec
les dispositions du Code pénal et de
la loi du 27 mars 1851.

De cette comparaison, il résulte que
les modifications apportées à la législation antérieure portent seulement sur
les points suivants :

1° Répression de la tentative de
tromperie ;

2° Organisation de la peine de l'affichage ;

3° Modification des peines pécuniaires en vigueur ;

4° Pouvoirs réglementaires conférés
à l'Administration.

Il insiste donc sur ces quatre points
auxquels se ramènent les innovations
du projet.

1° Répression de la simple tentative de tromperie

Art. 1er du projet :

Le Code pénal (art. 423), exigeait que le
délit eût été consommé pour qu'il fût punissable. Il importe de réprimer la tentative comme le fait lui-même. Si nous voulons décourager la fraude, dit l'honorable
rapporteur, nous devons atteindre non seulement ceux qui ont consommé le délit,
mais ceux qui ayant conçu le projet de
tromper n'ont pu réussir dans leur entreprise par le seul effet du hasard.
Encore nous avançons-nous beaucoup en
déclarant que la répression de la tentative constitue une innovation du projet ;
déjà la loi du 27 mars 1851 avait puni la
tentative quand il s'agissait de tromperie,
sur la qualité : elle avait même réprimé

la simple mise en vente des denrées fal-
sifiées ; or, comme le faisait observer
M. Thévenet dans son rapport au Sénat la
mise en vente est une tentative qui peut
n'être accompagnée d'aucune manœuvre
personnelle du vendeur »

2° Organisation de la peine de l'affichage

Art. 7 du projet :

La loi du 27 mars 1851 posait le principe
de la peine de l'affichage, mais n'organi-
sait pas avec soin ce moyen de répression ;
or, l'utilité de l'affichage se manifeste ici
à un double point de vue. D'abord le frau-
deur est connu ; le consommateur et l'acheteur sont en droit de se méfier ; ensuite on
frappe à la bourse du condamné en lui
rendant plus difficile l'écoulement des marchandises vouées à un juste discrédit.
Sous l'empire de la loi de 1851, la pratique
des parquets révélait de nombreux sub-
terfuges à l'aide desquels les condamnés
réussissaient à éluder presque complètement cette peine redoutée entre toutes. Le
projet adopté par le Sénat et soumis à vos
délibérations parviendra à déjouer tous les
calculs des fraudeurs.

3° Modifications des peines pécuniaires en vigueur

Le projet renferme une modification
complète du tarif des amendes et déclare
la loi du sursis inapplicable aux pénalités
pécuniaires ; c'est le taux minime des
amendes sous l'empire du Code et de la loi
de 1851 qui explique en partie la progres-
sion toujours croissante de la fraude.

4° Pouvoir réglementaire conféré à l'Administration

Art. 11 et 12 du projet : '

C'est l'innovation la plus considérable
du projet. Une disposition analogue adoptée par la loi du 4 août 1890 en Belgique
a produit chez nos voisins les plus heureux
résultats. Au fur et à mesure que les fraudes se présenteront, les décrets rendus
dans la forme de règlements d'administration publique fixeront les moyens de prévenir des fraudes analogues dans l'avenir. Tout le côté pratique de la question
recevra ainsi le développement nécessaire,
et il n'y aura plus à craindre que les fraudeurs escomptant la lenteur du travail lé-
gislatif bénéficient pendant de longues années des nouveaux artifices qu'ils auront
imaginés. Autrement dit, la loi vaudra ce
que vaudra le règlement d'administration
publique. Mais nous n'entendons pas que
la poursuite et la répression de la fraude
soient un prétexte pour créer de nouveaux
emplois. Le projet qui vous est soumis
n'ouvre aucun crédit à cette fin. Le nombre de fonctionnaires actuel est suffisant
pour assurer l'exécution efficace de la loi.

Tel qu'il est, ce projet ne nous paraît pas devoir subir de modifications essentielles. Nous sommes d'accord, avec le Gouvernement pour demander à la Chambre le vote d'une réforme que le pays attend depuis longtemps. La rédaction que nous vous proposons a été le fruit de longs travaux dans l'autre assemblée, et de l'examen le plus approfondi de vos Sous-Commissions et Commissions de l'Agriculture. Des remaniements nouveaux nécessiteraient certainement au Sénat de nouvelles délibérations et le vote de ce projet serait encore différé à une époque lointaine.

Le projet de loi, s'il sort intact de vos délibérations ne sera plus soumis qu'à un simple retour de forme au Sénat ; nous avons, en effet, rectifié une erreur matérielle de rédaction (art. 5) et ajouté (art. 14) à l'énumération des lois qui vont bénéficier des dispositions du nouveau texte tant sur l'affichage et les infractions aux règlements d'administration publique que sur les pénalités pécuniaires et les règles de compétence la loi du 28 janvier 1903, sur les sucres et l'article 32 de la loi de finances du 31 mars 1903.

Enfin nous avons complété par l'indication des lois précitées l'article 5 du projet qui se rapporte au cas de récidive légale.

Voilà dans un simple exposé, les rigueurs dont on nous menace, rigueurs qu'il appartient à l'Union fédérale d'atténuer.

Dans nos précédents Congrès, nous avons discuté les modifications qu'il y aurait lieu d'apporter au projet actuel. Elles ne peuvent être que la reproduction intégrale du rapport très circonstancié de M. Grizard, dressé au nom de l'Union syndicale des Débitants de vin de Paris.

Article premier. — Jamais aucune loi sur les falsifications (elles sont nombreuses et les pénalités sont sévères) n'a osé prévoir et punir la « tentative » de tromperie sur les qualités, l'origine et l'espèce, etc. Car les constatations sont impossibles pour établir les tentatives de tromperies : « où commencera et où finira la tentative » ? La question sera insoluble tant que la nature ne donnera pas des produits types invariables et parfaits.

Pour cette raison nous demandons que le mot « ou tenté » soit supprimé de la loi et que le législateur s'exprime ainsi : « Quiconque, aura trompé, etc. » : nous demandons de maintenir la disposition suivante.

Conformément aux dispositions de l'article 3 du Code pénal la *tentative* sur les qualités origine, etc.) de fraude n'est pas punissable.

Art. 3. — Nous demandons également que l'on supprime de la loi le mot « *corrompu* » et qu'on le remplace par l'expression « *impropre à tout usage alimentaire ou industrielle* ». Le mot corrompu n'a pas une signification précise, il est vague et peut donner lieu à bien des interprétations.

Il y a corruption quand le produit ne peut plus servir à l'alimentation, c'est-à-dire quand il est complètement inutilisable pour la consommation. Mais il pourra être acheté par un industriel qui le transformera ; de ce fait il perdra son caractère de denrée alimentaire, de produit agricole et deviendra un produit industriel, par suite de la transformation d'ordre scientifique qu'il subira et la corruption n'existera plus. —

Quand peut-on dire qu'une marchandise est « *corrompue* » ? C'est affaire d'appréciation et par suite une expression dangereuse.

Qui peut garantir que des marchandises expédiées saines n'arriveront pas « *corrompues* » ? Ces cas sont très nombreux dans l'alimentation et partant il est impossible de dire par qui, comment, et pourquoi la marchandise a été corrompue. Il faut donc supprimer ce mot de la loi. Le législateur ne pouvant poser que des règles générales en votant un texte de loi, il importe que ce texte soit clair et bien explicite afin que le magistrat, dont le rôle consiste à rechercher dans l'esprit de la loi l'indication qui se rapporte le plus à la chose qu'il est appelé à juger, puisse établir des jugements ou des arrêts conformes au texte et à l'esprit de cette loi ; c'est pourquoi nous insistons auprès de nos législateurs pour que les termes de la loi soient extrêmement précis.

Nous demandons également la suppression du dernier paragraphe de l'art. 3, pour les mêmes raisons.

Cet article 4, nous paraît de nature à créer de sérieuses difficultés à notre commerce.

En effet, une marchandise quelconque expédiée en bon état, peut, dans bien des cas, arriver en voie d'altération partielle ; du seul fait d'être trouvé en possession de cette marchandise, on peut être poursuivi. Cela ne paraît-il pas exorbitant et en dehors de toutes les règles de la justice ?

M. le Rapporteur donnant comme condition *sine qua non* que, pour qu'une condamnation intervienne, il faut, avant tout, que la mauvaise foi du prévenu soit établie, nous demandons que ce passage fasse l'objet d'un paragraphe additionnel à l'article 4, ainsi conçu : « *Pour qu'une condamnation puisse intervenir, il faudra, dans tous les cas, que la mauvaise foi du prévenu soit préalablement établie* ».

Peut-on admettre qu'un négociant en vins qui est détenteur d'un vin malade qu'il soigne avec l'espoir de la guérir, tombe sous le coup de la loi, étant donné que tous les vins peuvent avoir des maladies causées par l'état défectueux des raisins, par une mauvaise vinification, ou pour toute autre cause.

Le vin, en effet, est quelque chose de vivant, ayant son évolution plus ou moins lente, ses maladies, ses caprices. Il a donc besoin de soins de toutes sortes et d'une hygiène appropriée à sa nature.

Or, à part quelques exceptions, les vignerons ne sont pas outillés en vue de ce rôle.

C'est plus spécialement aux commerçants qu'il incombe de donner ces soins.

Il nous semble, par conséquent, qu'il serait de la plus flagrante injustice de frapper d'une peine aussi sévère pour un simple accident, le détenteur d'un vin malade.

Pour le paragraphe 3 de cet article 4 nous demandons de conserver la législation actuelle.

Art. 6. — Cet article 6 nous paraît, au point de vue général, absolument illogique. Une marchandise alimentaire reconnue impropre à la vente et dangereuse pour la consommation, ne peut pour aucune raison, être distribuée à un établissement d'assistance publique.

Nous demandons la suppression des paragraphes 2, 3 et 4 de cet article pour les raisons données ci-dessus.

Art. 7. — D'après cet article 7, le Tribunal pourra ordonner, dans tous les cas, que le jugement de condamnation soit publié intégralement ou par extrait dans les journaux qu'il aura désignés et, qu'en outre l'affichage soit fait notamment à la porte du domicile et des magasins du condamné.

De toutes les peines édictées, celles-ci nous semblent les plus dures, elles ont pour conséquence une très grande dépréciation du fonds de commerce et dans bien des cas sa perte.

Mais, ce qui nous paraît plus grave encore, c'est que dans le dernier paragraphe la loi dit : « Que l'affichage n'est pas entravé par la vente postérieure au délit ». Cela est absolument impossible.

Un honnête travailleur ayant des économies, achète un fonds de commerce quelconque, il ne connaît pas le jugement qui a frappé son futur établissement, il en acquitte le prix ; mais aussitôt en possession une affiche est apposée à sa porte indiquant qu'une fraude a été commise chez lui et que le propriétaire de l'établissement a été condamné. Il n'y est cependant pour rien et doit supporter pour ce fait d'autrui, l'opposition des affiches qui ruineront son établissement. Ce serait souverainement injuste et cela ne peut être accepté par nos législateurs.

Pour ces raisons nous demandons qu'il soit ajouté cet « amendement » :

« *A condition que la fraude, concertée entre le vendeur condamné et l'acheteur de mauvaise foi, soit établie* ».

Art. 8. — Cet article 8 demande l'application de l'article 463 du Code pénal, et la suppression du bénéfice de la loi du 26 mars 1891 (loi de sursis).

Cette loi a été faite dans un but généreux. Son auteur n'a pas entendu en restreindre son application. Pour cette raison, nous demandons la suppression du troisième paragraphe de l'article 8.

Art. 11. — D'après l'article 11 du projet de loi, les décrets rendus dans la forme des règlements d'administration publique seront pris sur l'avis du « Comité consultatif des Stations Agronomiques et des Laboratoires agricoles ». Ils indiqueront la procédure à suivre pour fixer les méthodes d'analyses propre à déterminer les éléments constitutifs, la teneur en principes utiles des marchandises, et à reconnaître les fraudes.

Ils désigneront le personnel qui devra être chargé de la surveillance à exercer et des expertises auxquelles il devra être procédé.

Il peut paraître très étrange que l'élaboration des règlements d'administration qui doivent assurer le fonctionnement et l'efficacité d'une loi sur les falsifications aussi générale que celle élaborée et votée par le Sénat, et qui comprend toutes les matières commerciales, soit confiée au Ministère de l'Agriculture seul. Il semblerait beaucoup plus prudent de donner cette tâche aux Ministères de la Justice, du Commerce, de l'Agriculture, aux Chambres de commerce aux Chambres syndicales des industries visées et aux personnes intéressées dont les connaissances pourraient être utilisées. Ces trois ministères avec les Chambres de commerce et les Chambres syndicales, donneront des garanties de compétence autrement sérieuses que celles présentées par les seuls Comités officiels du Ministère de l'Agriculture.

En confiant à des règlements d'administration le soin de formuler les règles qui présideront à l'application de la nouvelle loi, nos législateurs se déchargeraient de la partie la plus délicate de la question. Il ne suffit pas d'élaborer une loi, il faut encore que cette loi puisse être appliquée avec efficacité et en toute équité.

Il y aurait donc lieu d'émettre le vœu que l'article 11 soit supprimé ou qu'il soit tout au moins amendé de la façon suivante :

« Des décrets rendus dans la forme des
« règlements d'administration publique
« indiqueront les mesures à prendre pour
« assurer l'exécution de la présente loi ;
« après avis des Comités compétents, des
« stations agronomiques, des Chambres de
« commerce, des Chambres syndicales 'es
« industries visées et des personnes dont
« les connaissances pourraient être utili-
« sées et qui devront être représentées
« dans ces Comités, ainsi que la procé-
« dure à suivre pour fixer les méthodes
« d'analyses propres à permettre aux
« agents de l'administration, de détermi-
« ner les éléments constitutifs, la teneur
« en principes utiles des marchandises et
« à reconnaître les fraudes ».

En effet, il ressort des termes mêmes
des rapports et des déclarations faites à
la tribune que les règlements d'administration publique, prévus par cet article 11,
sont en quelque sorte la clef de voûte de
la loi, puisqu'ils doivent établir le mode de
l'expertise, le choix des experts, les analyses chimiques, les prélèvements d'échantillons, et assurer la sanction indispensable des dispositions prises par la loi.

Par les résultats de la mise en vigueur
des lois sur les vins, les beurres, les mar-
garines, etc., on peut se rendre compte de
l'importance capitale des décrets de réglementation en matières d'expertises. Les
fameuses règles alcool-acide, alcool-ex-
trait, les données officielles devant servir
à calculer le mouillage, l'écrémage, la sur-
alcoolisation des vins, etc. sont chaque
jour battues en brèche par les experts les
plus autorisés.

Aussi en ces derniers temps nombreux
ont été les acquittements en matière de
falsifications, parce que chaque jour les
juges se trouvent mieux éclairés sur la
valeur des règles qui comportent tant d'exceptions, qu'on ne sait pas si réellement
l'exception n'est pas devenue une règle.

Il est évident qu'il faut procéder avec
toute la prudence voulue, que l'on fasse
appel aux concours des personnalités scien-
tifiques compétentes, *même non officielles,
non pas après, mais avant la promulgation de la loi*, pour éclairer la question, et
ne pas frapper dans leur honnêteté et leur
fortune des personnes innocentes.

Les progrès quotidiens de la science
font, en effet, que des méthodes d'analyses ou de recherches employées et considérées comme justes viennent à être trou-
vées inexactes ou insuffisantes à la suite
de découvertes de tel ou tel savant. Il est
évidemment indispensable que la loi édicte
la procédure à suivre et fixe les méthodes
d'analyses que devront suivre les agents
d'administration qui seront chargés de rechercher les fraudes. D'autre part, le com-

merçant accusé doit pouvoir se déf
librement et le tribunal qui devra a ré-
cier la fraude ne doit pas être lié, ans
son jugement.

Les formules administratives servent
trop souvent à protéger les fraudeurs ;
c'est là un danger qu'il faut signaler et
éviter. SECRETANT.

M. Rey ouvre la discussion en déclarant qu'il est à craindre que la loi sur
les fraudes et les falsifications soit sur
le point d'aboutir. Il faudrait donc
prendre un point de départ pour faire
remonter la fraude à celui qui la com-
met. Chacun doit être responsable de
ses actes.

A l'heure actuelle, dit-il, il est impossible de faire la preuve de sa bonne
foi, et c'est pour cela que dans une réunion du syndicat, nous avons étudié et
discuté le projet soumis au Parlement
et indiqué les modifications urgentes
qu'il y avait lieu de faire pour sauvegarder nos intérêts.

Il est bon de dire qu'il existe plus de
70 amendements pour ou contre le projet. C'est donc une sérieuse indication
qui nous assure une discussion labo-
rieuse. Quant à nous, nous estimons
qu'en présence des lois de 1851, 1855
1889, 1889, 1894, 1897 et 1900 ainsi que
l'article 423 du Code pénal qui règle-
mentent et punissent les fraudes de toute nature, il n'est pas nécessaire de
créer une arme de plus contre le commerce des boissons, car une loi nouvelle
ne peut qu'aggraver notre situation.

Mais dans le cas où cette loi aurait
des chances d'être votée, il serait bon
de demander à ce que, dans tous les cas
de fraude ou de falsification, lorsque
l'intermédiaire détaillant ou autre,
pourra faire la preuve de sa bonne foi
et lorsque ses déclarationse auront permis d'établir la source de la fraude ou
de la falsification, l'auteur de cette
fraude soit seul mis en cause.

Quant au sujet du prélèvement des
échantillons, nous pourrions demander
à ce qu'ils puissent être faits, non seulement au domicile du producteur, mais
encore soit en cours de route, soit dans
les gares ou aux entrées des villes, de
même qu'au domicile des destinataires,
au moment de la livraison.

M. Lachaux donne quelques explications sur la mésaventure arrivée à un de ses syndiqués qui était détenteur d'un vin plâtré. Le syndicat avait demandé des échantillons à l'expéditeur qui se trouvaient conformes au vin que possédait le débitant, malgré cela, ce dernier fut condamné pour avoir mis en vente du vin plâtré.

Il s'élève contre une note parue dans un organe du syndicat national du commerce de gros, accusant les débitants de mouiller les marchandises à eux expédiées, et demande au Congrès de s'élever contre pareilles paroles, car il est certain que le mouillage n'est pratiqué que par les propriétaires ou commerçants en gros.

M. Badoit est d'accord avec M. Rey pour la façon du prélèvement des échantillons qui devraient être effectués sur la marchandise reçue.

M. Auboyer dit que cette question avait été soulevée il y a deux ans et l'on avait demandé à ce que les prélèvements aient lieu en cours de route.

M. Badoit insiste pour que cette formalité soit faite à l'arrivée, chez le débitant, en présence des employés de la Régie ou devant des témoins honorables.

Une longue discussion s'engage alors entre MM. *Badoit, Rey, Mazet, et Péronnet* pour savoir si l'on doit demander à ce que les prélèvements aient lieu chez l'expéditeur ou au domicile du destinataire.

M. Christophe trouve que l'on discuterait pendant cet ans, que ce serait toujours pareil. De la loi proposée, nous n'en voulons pas, il en existe déjà que trop. Il demande à ce qu'un vœu soit émis pour que le prélèvement des échantillons soient faits au moment de l'expédition.

Prenez, dit-il, la fraude en cours de route, mais ne laissez pas vendre un vin falsifié.

M. Auboyer est certain que les expéditeurs ne reconnaitront jamais, dans les échantillons que l'on fournira devant le Tribunal de commerce, comme contenant des produits par eux fabriqués.

M. Girardin déclare que l'on est sorti de la question, et il appartient de bien déterminer ce que nous voulons. Nous sommes hostiles à toutes modifications des lois actuelles, car elles sont plus que suffisantes pour réprimer la fraude. Aussi dépose-t-il le vœu suivant :

Le Congrès,

Considérant que l'article 423 du Code pénal, les lois des 27 mars 1851, 5 mai 1855 14 août 1889, 11 juillet 1891, 24 juillet 1894 6 avril 1897, sont suffisantes pour réprimer les fraudes et falsifications ;

Le Congrès émet le vœu :

Que le projet de loi sur les fraudes actuellement pendant devant la Chambre des députés ne soit pas pris en considération les lois actuelles sur la matières étant suffisantes.

M. Péronnet : Nous devons, dit-il, réprimer la fraude et blâmer énergiquement ceux qui la commettent, mais nous estimons que l'on doit rejeter le projet de loi sur les fraudes tel qu'il est présenté à la Chambre. Dans le cas où ce projet viendrait en discussion, il propose de laisser au Bureau de l'Union fédérale le soin de rédiger sur la question subsidiaire le vœu qui sera adressé aux pouvoirs.

— Mis aux voix, le vœu de M. Girardin ainsi que l'addition à rédiger par le Bureau de la Fédération sont adoptés.

LE PARTAGE DES AMENDES

L'ordre du jour appelle ensuite la question du partage des amendes dont bénéficient les employés de la Régie et les dénonciateurs.

C'est *M. Flachon*, l'énergique au tant que dévoué président du Syndicat de Vaugneray, qui est chargé de faire le rapport à ce sujet. Il s'exprime en ces termes :

Chers Collègues,

Je n'abuserai pas de vos instants,

mais permettez-moi de vous faire un bref exposé du décret inique datant du 22 avril 1898.

On a peine à croire que les lois autorisent la Régie à opérer sur les sommes payées par les caisses de l'Etat, des prélèvements en faveur de ses employés et des délateurs. Ce n'est pourtant que l'exacte vérité. Sur chaque prise qu'ils font, les agents verbalisateurs ont droit à une prime totale de 75 %, dont la plus forte partie (42 %) leur est versée directement, dès l'encaissement de la somme. Quant aux indicateurs, leur part est de un tiers, un sixième, un douzième au moins « suivant l'utilité des renseignements fournis » dit l'article 7 du décret du 22 avril 1898, ou plutôt suivant le bon plaisir des agents de la Régie.

Ces pratiques sont souverainement immorales... La Régie tient à les conserver parce qu'elles lui rapportent, parce qu'elles lui servent à surexciter le zèle de certains et à provoquer des délations. Mais elle entretient ansi un fâcheux état d'esprit dans ses services et elle perd en considération le peu qu'elle gagne en numéraire. La Chambre, hésitante, a voté le renvoi de l'amendement à la Commission de législation fiscale. C'est partie remise.

Plus de répartitions, plus de fonds communs ! Nous demandons que le produit des amendes et confiscations soit versé à l'Etat, qui en a grand besoin.

Chers Collègues, je termine avec l'assurance que le Congrès voudra bien émettre un vœu tendant à la Réforme demandée par le Syndicat de Vaugneray et que le Bureau de la Fédération fera le nécessaire pour en informer les pouvoirs publics.

M. Encontre se rallie à l'idée de M. Flachon et s'élève contre l'augmentation du nombre des fonctionnaires. Il estime que le devoir du Congrès est de demander à ce que la prime accordée aux employés de la Régie ainsi qu'aux dénonciateurs soit supprimée, et que lesdits emploés soient rémunérés d'une façon suffisante, afin de faire cesser les exactions dont ils se rendent coutumiers.

— Sur cette observation le rapport de M. Flachon est adopté et le Bureau de l'Union fédérale est chargé de rédiger un vœu significatif.

Modification à la Loi du 29 Décembre 1900

M. Girardin donne lecture des vœux suivants qui sont adoptés :

Licences

Le Congrès émet le vœu :

Que la licence qui constitue une seconde patente soit supprimée.

Bouilleurs de cru

Considérant que le privilège des bouilleurs de cru est une cause permanente de fraude, porte un préjudice considérable au Trésor, est antidémocratique et présente un danger véritable pour l'hygiène publique, en raison de l'impureté des produits en général mal distillés et dont il permet l'écoulement.

Le Congrès émet le vœu :

Que le Parlement complétant la loi de finances du 30 mars 1903, supprime d'une façon radicale et complète, le privilège des bouilleurs de cru.

Droit sur l'alcool

Considérant que c'est avec raison que le législateur de 1900 a unifié pour toute la France le droit de circulation sur les vins ;

Considérant qu'indépendamment du droit général de consommation, l'alcool supporte un droit d'entrée dans les villes de 4.000 âmes et au-dessus et que ce droit varie suivant l'importance de la population ;

Le Congrès émet le vœu :

Que le droit d'entrée sur l'alcool soit supprimé, le droit général de consommation porté à 220 francs, ayant eu pour conséquence de diminuer la qualité des produits consommés.

M. Aubouer demande à ce que le Bureau de l'Union fédérale fasse les démarches nécessaires pour obtenir des employés de la Régie la remise du double des recensements, prévue par l'art. 55 de la loi du 28 avril 1816, mesure suffisante pour donner toute garantie aux débitants.

— *Adopté.*

LES BUFFETS DES GARES

M. Sirand explique qu'au Congrès de Grenoble de 1900, cette question avait été examinée et que l'on s'était élevé contre la tolérance que l'on accordait aux buffetiers de recevoir dans leur établissements des consommateurs autres que ceux munis de billets. Il y aurait lieu de renouveler le vœu formulé à cette époque qui donne pleine satisfaction aux membres de la corporation.

M. Girardin dit qu'il existe une circulaire du ministre à ce sujet qui ne permet aux buffets des gares de ne servir de repas ou consommations qu'aux voyageurs ne pouvant disposer de leur temps pour aller en ville.

M. Chaffard fait remarquer que l'on peut accompagner des amis à la gare et que, muni d'un billet de quai, il serait peut-être téméraire de vouloir défendre aux buffetiers de leur servir des consommations.

M. Peronnet déclare que le Bureau de l'Union fédérale étudiera cette question et fera le nécessaire pour que les buffets des gares subissent la loi commune et ne portent plus préjudice aux intérêts des débitants.

LA LOI SUR LES ACCIDENTS

M. Grizard au nom de l'Union Syndicale de Paris, soumet au Congrès la proposition suivante :

Messieurs et chers Collègues,

Nous vous apportons le fruit de nos recherches, pas aussi complètes, cependant, que nous l'aurions désiré. Néanmoins, vous pourrez vous rendre compte, d'une façon assez précise, de la nature des risques qui peuvent vous être imputables.

Indépendamment des importantes démarches que nous avons faites auprès des personnalités dirigeant des assurances, nous avons aussi vu deux jurisconsultes qui ont bien voulu nous préciser quel pouvait être notre droit, nous avons consulté aussi, les décrets, arrêtés et circulaires des différents départements ministériels adressés à MM. les Préfets et procureurs généraux pour leurs instructions ; étant donné la haute importance de cette question, il nous semble qu'avant d'aborder la question qui nous occupe, il est nécessaire de vous exposer le but de la loi du 9 avril 1898, mise en vigueur le 1er juillet.

La question des « accidents du travail » n'est pas encore résolue dans tous les pays ,quoiqu'elle ne vise que la réparation du dommage causé à la victime d'un accident du travail.

A L'ETRANGER

Allemagne. — La loi du 6 juillet 1884 a institué l'assurance obligatoire contre les accidents de l'industrie, en général ; la loi du 28 mars 19885 l'a étendue à d'autres catégories d'ouvriers, et celles des 5 mai 1886, 11 et 13 juillet 1887 l'ont appliquée à l'agriculture et aux forêts, aux travaux de constructions et aux gens de mer. Cette assurance est d'ailleurs combinée avec l'assurance contre la maladie, instituée par la loi du 18 juin 1883, refondue dans une loi générale du 10 avril 1892.

Le système financier est celui de la répartition avec constitution en onze années d'un fond de réserve spécial.

L'indemnité n'est refusée que si la victime a causé intentionnellement l'accident.

Autriche. — La loi du 28 décembre 1887 complétée par la loi du 20 juillet 1894, a créé l'assurance obligatoire contre les accidents, et celle du 30 mars 1888, l'assurance contre la maladie ; celle-ci pourvoit à l'assistance du blessé pendant les quatre première semaines ; une indemnité funéraire est allouée jusqu'à concurrence de 25 florins .

Un service de pensions est prévu au service des veuves.

L'indemnité n'est refusée qu'au cas d'intention de la victime.

L'agriculture n'est soumise à l'assurance obligatoire que lorsqu'elle comporte l'emploi de machine.

Angleterre. — Une loi récente du 6 août 1897 a déclaré les patrons responsables de tous les accidents survenus dans les entreprises assujetties, lors même que ces accidents sont le résultat du hasard ou de la force majeure.

Le chef d'industrie doit également répondre du fait de ses préposés et peut être l'objet d'une action en indemnité pour le fait d'un tiers, sauf son recours contre celui-ci : toutefois, l'accident doit avoir entrainé une incapacité de travail de deux semaines au moins et ne pas être imputable à la faute lourde de l'ouvrier, le taux de l'indemnité est défini à forfait dans la loi et même une procédure d'arbitrage est instituée par la loi.

Italie. — Un projet de M. Guicciardini, ministre de l'Agriculture, de l'Industrie et du commerce du 13 avril 1897, impose l'obligation de l'assurance, mais laisse la liberté du choix du mode d'assurance entre divers systèmes limitativement désignés ; La Caisse nationale d'assurance contre les accidents, créée par la loi du 8 juillet 1883 et les syndicats d'assurances mutuelles ; le texte voté sdrétu cmfhypm par le Sénat y ajoute les Sociétés d'assurances privées autorisées à fonctionner dans le Royaume et les caisses d'initiative patronale.

France. — « En France, il semble nécessaire de spécifier que l'accident soit consister dans un événement survenu par le fait du travail, entraînant une lésion de l'organisme, qui suppose l'intervention d'une cause violente déterminant une grave blessure, mais n'étant point le fait d'une maladie professionnelle. »

Il faut aussi distinguer les causes des accidents, puisque les accidents peuvent résulter :

1° De la faute de l'ouvrier ;

2° De la faute du patron ;

3° De la faute combinée de l'ouvrier et du patron ;

4° De la faute des tiers (même si ces tiers étaient étrangers au travail) ;

5° Des circonstances qui déjouent toute prudence humaine ;

6° Ou enfin de causes indéterminables.

Ces différentes causes ne touchent notre profession que par le régime du Code civil (Art. 1382 et suivants). Nous pourrons nous en rendre compte en examinant la circulaire du garde des Sceaux du 10 juin 1899.

La loi, y est-il dit, ne s'étend pas à toutes les classes des travailleurs, non plus que tous les accidents d'une nature quelconque dont les ouvriers ou les employés peuvent être victimes.

Son champ d'application est circonscrit : 1° Aux industries assujetties au régime du risque professionnel ; 2° aux conditions dans lesquelles doit se produire l'accident ; 3° aux personnes responsables et à celles qui peuvent préfloir du principe de la responsab ilité légale.

INDUSTRIES ASSUJETTIES

L'article 1er de la loi du 9 avril 1898 fait une distinction, il énumère limitativement les établissements auxquels la loi s'applique toujours et sans conditions ; à la suite viennent les exploitations en général, dans lesquelles l'application de la loi est subordonnée soit à la fabrication ou à la mise en œuvre de matières explosives soit à l'usage d'une machine mue par une force autre que celle de l'homme ou des animaux.

Les établissements de la première catégorie comprennent :

1° L'industrie du bâtiment, c'est-à-dire la construction d'édifices, taille de pierre, maçonnerie, charpenterie, menuiserie, couverture, peinture, vitrerie, serrurerie, etc., etc.

2° Les usines et manufactures. — La différence entre ces deux sortes d'établissements est assez difficile à fixer. D'une manière générale, la manufacture est l'établissement où est la main-d'œuvre et dans lequel s'opère la fabrication d'objets déterminés.

Les usines servent à la préparation des matières premières en vue de leur application et des usages industriels ;

3° Les chantiers. — Il s'agit ici du groupement dans un emplacement déterminé, d'un certain nombre d'ouvriers employés à la préparation des matériaux, à des terrassements ou à des travaux quelconques, en vue de la construction d'édifices, de ponts, de canaux, de routes.

4° Les entreprises de transports par terre et par eau de chargement, de déchargement. — Il faut qu'il s'agisse d'une entreprise, c'est-à-dire d'opérations spécialisées par un industriel dans un but de gain. Ainsi, le chef d'une exploitation non assujettie ne tomberait pas sous le coup de la loi pour le transport, le chargement et le déchargement de ses produits ou des matières qui lui sont nécessaires, à moins qu'il n'employât des voitures ou des appareils mus par une force élémentaire, c'est-à-dire par une force autre que celle de l'homme et des animaux.

5° Les magasins publics. — La loi assujettit les docks, magasins généraux, monts-de-piété, les salles de ventes publiques et les entrepôts de douane ;

6° Et enfin, les mines, minières et carrières.

ACCIDENTS

L'accident, tel qu'il faut l'entendre dans cette matière, consiste dans une lésion corporelle, provenant de l'action soudaine d'une cause extérieure.

L'accident n'entraîne l'application du risque professionnel que lorsqu'il est survenu par le fait ou à l'occasion du travail, c'est-à-dire lorsque la lésion subie par la victime a une cause inhérente au vail, la responsabilité du chef d'entreprilien plus ou moins étroit.

D'autre part, l'accident n'est pas à la charge du patron par cela seul qu'il s'est produit sur le lieu et aux heures de travail, la responsabilité du cher d'entreprise est dégagée si la cause de l'accident est complètement étrangère au travail.

PERSONNAGES RESPONSABLEE

Les personnes responsables sont celles qui dirigent l'exploitation ou l'industrie et qui en recueillent les bénéfices.

La loi ne fait d'exception que pour l'ouvrier qui, travaillant seul d'ordinaire, s'adjoint accidentellement un ou plusieurs de ses camarades. Cette collaboration accidentelle ne suffit pas pour lui conférer la qualité de patron, qui suppose des rapports durables de distinction d'un côté et de subordination de l'autre.

Voici comment le Gouvernement, s'adressant aux procureurs généraux, leur indique l'application de la loi :

« Les responsabilités des accidents du « travail étaient réglées jusqu'à ce jour « par les articles 1382 et suivants du Co- « de civil. L'ouvrier victime d'un accident « n'obtenait une indemnité qu'à la condi- « tion de prouver qu'il y avait faute du « chef de l'entreprise. Dans le cas où cette « preuve était faite, la réparation devrait « être intégrale ; mais s'il y avait faute « du patron et de l'ouvrier, cela entraine- « rait le partage des responsabilités et, « par cela même, une atténuation de l'in- « demnité. »

Cet état de choses avait pour conséquence de subordonner fréquemment la réparation du préjudice à des résultats toujours incertains. A un autre point de vue il plaçait la victime dans une situation encore plus douloureuse et contraire à l'équité, et cependant il n'était pas juste que le risque fut entièrement supporté par l'ouvrier, car la statistique établit que sur cent accidents :

25 peuvent être attribués à la faute de l'ouvrier ;

25 peuvent être attribués à la faute du patron ;

8 à la faute combinée du patron et de l'ouvrier ;

et 42 à des cas fortuits ou de force majeure ou à des causes indéterminées.

De ce fait, l'ouvrier subissait non seulement la charge de sa faute, mais encore celle des cas fortuits, dans lesquels la faute du patron ne pouvait pas être établie.

Cette constatation a suffi pour démontrer que l'application du droit commun ne répondait plus aux conditions du travail « résultant de la transformation et du développement de l'outillage. »

A la situation nouvelle il fallait un fait nouveau.

Brisant avec les anciennes formules, le législateur y a pourvu en introduisant dans cette matière le principe du risque professionnel, le chef de l'industrie assujettie est de plein droit responsable de l'accident, en dehors de toute idée de faute.

Toutes les infortunes résultant du trasail seront désormais secourues dans la mesure compatible avec le souci de ménager les forces des chefs d'entreprises.

Les rapports entre le capital et le travail deviennent ainsi plus équitables, et on a pu dire avec raison que la loi, qui les établit sur ces bases nouvelles, a fait œuvre d'humanité, et réalisé, au point de vue social, un progrès considérable.

Telles sont, Messieurs, les instructions sommairement groupées qui sont données par M. le ministre de la justice.

D'autre part, nous allons vous donner aussi un aperçu des instructions données par M. le ministre du commerce à MM. les préfets.

Dans sa circulaire du 21 août 1899, M. le ministre du commerce dit, dans le titre I -

DECLARATION D'ACCIDENTS

L'article II de la loi astreint les chefs d'entreprise à déclarer « tout accident ayant occasionné une incapacité de travail ».

Cet article est évidemment en corrélation avec l'article premier qui indique les professions assujetties au nouveau régime légal de responsabilité en matière d'accidents du travail. « Ne sont donc soumis à la déclaration que les accidents survenus par le fait du travail » (désignés à l'article premier).

Et dans la circulaire du 24 août 1899, relative à l'application de la loi.

Il y est dit :

« Le droit nouveau dont je viens d'esquisser les traits caractéristiques n'est pas encore le droit commun ; il ne s'applique point aux accidents survenus dans toutes les entreprises.

Seules, en principe, les entreprises industrielles s'y trouvent soumises, il ne s'étend aux entreprises commerciales ou agricoles que si, comportant la fabrication ou la mise en œuvre de matières explosives ou l'emploi de moteurs inanimés, elles exposent par là même les ouvriers à des risques analogues à ceux des entreprises industrielles proprement dites.

DEBATS PARLEMENTAIRES

En 1895, le rapporteur au Sénat écrivait que la Législation projetée tendait à assujettir « toutes les entreprises ou exploitations industrielles ».

A la séance du 4 juillet 1895, il déclarait à la tribune que le texte de l'article premier doit s'appliquer à toutes les industries.

A la séance du 25 novembre 1895, il déclarait de la façon la plus formelles que dans sa pensée l'industrie toute entière était englobée dans l'article premier.

Et plus tard, il répétait que le texte de la Commission n'était point limitatif, mais qu'il était plutôt énonciatif et qu'il considérait toute l'industrie comprise.

Cet exposé nous a semblé utile pour venir appuyer notre démonstration.

Vous devez remarquer que, d'une façon générale, la loi du 9 avril 1898 ne s'applique pas aux commerçants, qui achètent des marchandises pour les revendre.

Nous donnons la composition du comité consultatif par la simple valeur de ses avis.

COMITE CONSULTATIF DES ASSURANCES

1° Deux sénateurs ;

2° Trois députés ;

3° Quatre personnes spécialement désignées par leur compétence juridique ou statistique en matière d'accidents ;

4° Trois membres agrégés de l'Institut des actuaires français ;

5° L'actuaire de la Caisse des dépôts et consignations ;

6° Un membre du comité permanent international du Congrès des accidents du travail et des assurances sociales ;

7° Le Président du Tribunal de commerce de la Seine ou un président de section désigné par lui ;

8° Le président de la Chambre de commerce de Paris ou un membre de la Chambre délégué par lui ;

9° Un président ou administrateur de Société d'assurances mutuelles contre les accidents ;

10° Le président du Syndicat des compagnies d'assurances à primes fixes contre les accidents ;

11° Un ouvrier membre du conseil supérieur du travail ;

12° Le président du syndicat professionnel ouvrier ;

13° Le conseiller d'Etat directeur du travail et de l'industrie ou en son absence, le sous-directeur.

14° Le directeur de l'Office du travail ou, en son absence, le sous-directeur ;

15° Le directeur du personnel, de la comptabilité et de l'enseignement technique ;

16° Le chef du bureau des Caisses d'épargne, des assurances, des retraites et de la coopération.

Nous allons examiner deux avis du comité consultatif des assurances, institués par arrêté ministériel du 1ᵉʳ mars 1899.

AVIS DU 31 MAI 1899

Le Comité consultatif des assurances contre les accidents du travail ;

Saisi par M. le ministre :

1° D'une demande de MM. X..., à Gérardmer (Vosges) ;

2° D'une demande de la Cie X..., à Lille, lesdites demandes tendant à l'interprétation de l'article premier de la loi du 9 avril 1898, en ce qui concerne l'assujetissement des professions exercées par les pétitionnaires.

Est d'avis :

1° Qu'aucune énonciation de la loi ne semble permettre de considérer les voyageurs de commerce comme appelés à bénéficier de ces dispositions ;

2° Que l'alcool, malgré les risques spéciaux que sa manutention peut entraîner, ne saurait être assimilé à une « matière explosible » au sens de la loi.

AVIS DU 29 NOVEMBRE 1899

Le Comité consultatif saisi par le ministre d'une demande tendant à l'interprétation de l'article premier de la loi du 9 avril 1898, en ce qui concerne l'assujettissement des Sociétés coopératives de consommation ;

Considérant que l'exemption de patente allégué ne saurait par elle-même entraîner affranchissement des responsabilités définies par la loi.

Est d'avis :

Que les Sociétés coopératives de consommation ne paraissent soumises à l'application de la loi que si elles possèdent des chantiers d'approvisionnements, si elles se livrent à des fabrications, ou si elles font usage de moteurs inanimés ;

Nous avons pensé qu'en ce qui concerne notre corporation, elle peut sans inconvénient être comparée par son travail à une Coopérative de consommation, de ce fait, nous ne sommes nullement soumis à la loi de 1898.

Du reste, la jurisprudence est fixée dans ce sens :

Le Tribunal civil de Perpignan, le 4 décembre 1900, a jugé que « les ouvriers et « employés d'un négociant en vins ne peu-« vent pas se réclamer de la loi du 9 avril « 1898, alors qu'il n'est pas allégué que « ce négociant fasse usage de machines « mues par une force autre que celle de « l'homme ou des animaux.

« Leur action ne peut être appréciée que « d'après les principes généraux en ma-« tière de responsabilité civile. »

(Gazette des Tribunaux, 17 janvier 1901).

La note ajoute :

Les termes de l'article premier de la loi du 9 avril 1898 semblent exclure les ouvriers qui travaillent pour le compte de commerçants proprement dits, à moins que dans tout ou partie de leur exploitation, il soit fabriqué ou mis en œuvre des matières dangereuses ou fait usage d'un moteur inanimé.

Jurisprudence dans ce sens :

Trubunal civil de Chartres, 8 août 1900.
Recueil de la Gazette des Tribunaux, 1er semestre 2-33.
Justice de paix de Paris, 10 décembre 1900.
Conseil de Préfecture d'Eure-et-Loir, 28 décembre 1900.
Pandectes françaises, 1899, 3 p.p. 49.
Travaux préparatoires de la loi Dalloz 1898, 4, 49 et suiv. Lois annotées p. 761.

Le commerce des boissons et la loi sur les accidents de travail. Le conseil de préfecture du Loiret vient de statuer sur la réclamation du syndicat des vins en gare d'Orléans, en déchargeant de la taxe additionnelle prévue par l'article 25 de la loi du 9 avril 1898 ceux des marchands de vins qui ont protesté par l'intermédiaire de cette Compagnie .

Voici le texte de l'arrêté du Conseil de préfecture en ce qui concerne chacun des réclamants :

« Le Conseil,

« Considérant que la profession du réclamant ne rentre dans aucune des catégories spécifiées par l'article premier de la loi du 9 avril 1898 ; que dès lors, c'est à tort qu'il a été assujetti à la taxe additionnelle établie par l'article 25 de cette loi, et qu'il y a lieu de lui accorder décharge ;

« Arrête :

« Il est accordé décharge au réclamant de la somme de...... »

Cet arrêté peut avoir des conséquences au point de vue des assurances collectives.

Il y a là une question fort intéressante dont le commerce poursuivra l'étude, car il semble bien que des marchands de vins qui ne tombent point sous le coup de la loi à l'égard de l'impôt ne pourraient pas davantage y tomber à l'égard des assurances.

Nous avons demandé à un juriste très honorable et d'une très haute compétence, si un appareil à faire de l'eau de seltz était soumis à la loi, sans aucune hésitation il nous affirme que non et il ajoute « Ne sont pas soumises à la loi les machines mises en mouvement par la main de l'homme ainsi que l'indique l'article premier. »

Même réponse nous est faite en ce qui concerne les cuisines.

Il résulte donc des indications très étendues que nous avons pu condenser dans notre travail, qu'en général, toute l'industrie, grande ou petite, est assujettie. Mais qu'aucun commerce n'y est soumis.

Voici les seuls risques prévus par le Code civil :

Art. 1382. — Tout fait quelconque de l'homme qui cause à autrui un dommage oblige celui par la faute duquel il est arrivé à le réparer.

Art. 1383 (C.civil). — Chacun est responsable du dommage qu'il a causé, non seulement par son fait, mais encore par sa négligence ou par son imprudence.

Art. 1384. — On est responsable non seulement du dommage que l'on cause par son propre fait, mais encore de celui qui est causé par le fait des personnes dont on doit répondre, ou des choses que l'on a sous sa garde, etc.,

Il faut s'assurer :

C'est à notre avis ce que l'Union fédérale doit faire pour la sécurité de ses adhérents. Mais nous ajouterons que si vous devez faire une assurance qui représente quelque chose de sérieux, elle doit être fondée avec un fond de réserve, dont nous aurons à vous entretenir.

Nous vous avons démontré d'une manière claire et précise que la loi du 9 avril 1898 ne vous était pas applicable et jusqu'à ce jour, certains d'entre vous pouvaient rester indifférents à cette question.

Tandis qu'aujourd'hui, vous savez tous qu'un projet de loi déposé par M. Mirman, député de la Marne a été voté par la Chambre en juin dernier, renvoyer au Sénat sa commission du travail, le présente tel à la discussion et il sera voté comme loi d'intérêt local, c'est-à-dire sans discussion.

Avec la même franchise, nous venons vous dire, demain vous serez assujettis

Seulement, il importe de choisir une bonne assurance.

Qui suivant nous et d'une manière générale, on peut le dire que deux seules et soumis au risque professionnel, *il faut donc vous assurer.*
formes d'assurances peuvent être examinées :

1° La prime fixe ;
2° La Mutuelle.

Mais la prime fixe présente deux inconvénients, la chèreté et les déchéances.

Tandis que la Mutuelle revient meilleure marché parce que nous estimons que la Mutualité, telle qu'elle doit être pratiquée, non pas nominalement, mais en fait, réduit les frais généraux au strict nécessaire, ne prélève, comme réserve, que celle légale qui lui est imposée par la loi et qu'elle couvre le risque, quel qu'il soit, avec une somme beaucoup moins élevée que celle exigée en prime fixe.

De vives critiques se sont élevées cependant contre la Mutualité jusqu'à ce jour et l'on cite volontiers des expériences malheureuses.

Mais il faut distinguer entre les vraies mutuelles et celles qui en portent seulement le nom, qui ne sont, en réalité, que des entreprises personnelles, déguisées sous le nom de Mutuelles et qui, pour cette cause même, sont appelées à disparaître bien vite.

Nous prendrons la liberté de vous donner en exemple.

La Société d'assurances mutuelles « L'Alimentation » qui a obtenu l'appui considérable d'un homme bien connu dans la France entière et dont le nom est synyme de générosité, M. Margery évite ce double écueil en s'adressant non pas à une seule profession, mais à plus de trente professions diverses, à Paris du moins, jusqu'à ce jour, et en n'assurant que des risques simples exclusivement qui ne sont pas compris dans la nomenclature établie par l'article premier de la loi du 9 avril 1898, c'est ainsi que la Société l'Alimentation prend le risque du boulanger, mais n'assurera pas une minoterie, celui du boucher et du charcutier, mais ne prendra pas une fabrique de conserves de viandes.

Elle assure tous les commerces et industries des Chambres syndicales qui forment le groupe de l'Alimentation parisienne à la tête duquel est placé par la confiance de ses collègues depuis de longues années, M. Marguery qui a appuyé de toute la force de sa notoriété, l'idée et l'expansion de cette mutuelle, dont le bénéfice est réservé principalement aux professions de l'alimentation.

D'abord limitée aux départements de la Seine, Seine-et-Oise et Seine-et-Marne, la Société, sur la réclamation de divers syndicats adhérents de la première heure, a été contrainte, par la force des choses, d'étendre le cercle de ses opérations à toute la France.

A Paris, nous avons recherché.

Parmi les Mutuelles et après un travail approfondi, nous avons retenu l' « Alimentation », et cela, à cause de son origine de commerces connexes aux nôtres, et à cause de sa modalité toute spéciale et des avantages particuliers qu'elle nous a paru présenter.

Si nous comparons ces deux organisations : primes fixes et mutuelles, il en ressort les principales connexités et diversités suivantes :

Connexités :

Toutes ces assurances ont été fondées à l'époque de l'application de la nouvelle loi sur les accidents.

Mais l'alimentation est fondée et administrée par des commerçants désintéressés.

Elle s'offre de réaliser l'assurance au meilleur marché et est animée de la meilleure volonté.

Mais des différences profondes se relèvent dans leurs statuts et dans leur fonctionnement.

Le double critérium est celui des prix ou des aléas et de la rigueur des conditions.

Au point de vue des prix apparents, au fonds de prévoyance, il peut sembler y avoir à peu près égalité si ce n'est que l'Alimentation nous paraît s'attacher davantage à faire payer à chacun des prix en rapport plus concordant avec les risques et les frais occasionnés par tel ou tel accident.

De plus, en ce qui concerne 1 rigueur des conditions, nous devons reconaître que l' « Alimentation » a, d'une manière générale remplacé toutes ces clauses inadmissibles par des conditions légères, justes suffisantes pour limiter les négligences et empêcher les abus de quelques-uns au détriment des autres.

A ces divers points de vue, l' « Alimentation » nous a paru avoir réalisé le plus grand progrès qui existe à ce jour, en matière d'assurances accidents, par une connaissance profonde du sujet et par un très sincère désir de donner toute satisfaction à ses adhérents. Mais où cette Société révèle une supériorité, qui ne peut Ipi être disputée par aucune autre organisation, c'est dans son mode d'administration.

Là, les intérêts sont véritablement entre les mains des intéressés qui se gouvernent eux-mêmes jusque dans les provinces les plus éloignées de la capitale. Au lieu que l'administration soit confiée à un Conseil intéressé, comme cela se passe généralement, l'administration est partagée entre les groupes corporatifs, de manière à permettre au sociétaire, le plus infime comme le plus opulent, de choisir près de lui ses propres administrateurs.

Il résulte de ce mode d'administration, qu'à aucun moment, la Société ne peut, ni ne pourra être exploitée ou accaparée par un homme ou une coterie quelconque.

On pourrait craindre que cet éloignement de conseils à divers titres ne complique singulièrement les choses ; il n'en malades, mais dans aucun cas ils ne

est rien, et c'est encore dans cette belle institution où l'on peut s'assurer *bien et à bon marché*.

Nous concluons :

Avec l'espoir que l'Union fédérale, de plus en plus soucieuse des intérêts de ceux qui lui ont donné leur confiance, suivra l'avis de l'Union syndicale.

H. GRIZARD.
de l'Union syndicale,

M. Sirand déclare qu'à Grenoble ce genre d'assurance existe depuis deux ans et que tous ceux qui y ont souscrit en sont satisfaits.

M. Grizard fait remarquer qu'avec le principe de la mutualité, chaque année il est reporté entre tous les membres le surplus des fonds disponibles.

M. Chappe donne quelques explications sur le fonctionnement de la Société « L'Alimentation » et démontre les avantages qui pourraient retirer les membres de l'Union fédérale en souscrivant à la proposition qui vient d'être formulée.

M. Péronnet estime qu'il ne peut faire plus que de conseiller à tous les membres de la Fédération de prendre de préférence « L'Alimentation » qui réunit les garanties suffisantes pouvant donner toute satisfaction.

PROJET

DE SOCIÉTÉ DE PRÉVOYANCE

M. Badoit, président du Syndicat de Bourg-de-Péage, soumet à l'appréciation du Congrès le projet suivant :

Le Bureau du Syndicat des débitants de boissons de Bourg-de-Péage s'est réuni le 8 août, sous la présidence de M. Badoit, et a discuté le projet suivant :

Article premier

La Société a pour but de venir en aide à tous sociétaires malades.

Article 2

Pour être admis à la Société de Prévoyance il faut être sociétaire d'un

Syndicat faisant partie de la Fédération du bassin du Rhône, être Français et jouir de tous ses droits civils.

Article 3

Les dames non syndiquées, mais dont leurs maris feraient partie d'un syndicat fédéré, seront admises à la Société.

Article 4

Il sera perçu une cotisation mensuelle de un franc par mois, payable par trimestre et d'avance.

Chaque Syndicat aura en sa possession une certaine somme en caisse pour subvenir aux premiers secours. naient à manquer on pourrait abaisser le temps pour secours à accorder aux pourraient être inférieur à six mois.

Tout sociétaire en retard pour payer sa cotisation n'aurait droit à aucun secours et s'il était en retard d'un trimestre, après avertissement il serait considéré comme démissionnaire.

Article 7

Les secours ne seront accordés que sur le certificat d'un médecin.

Article 8

Tout sociétaire qui aurait touché des secours par des moyens illicites, la première fois sera condamné à cinquante francs d'amende et au remboursement de tous les secours qu'il aurait reçu ; la deuxième fois, au remboursement intégral de tous les secours et rayé de la Société.

Article 9

Le siège de la Société est à Lyon, mais il pourra être transporté au lieu où se trouvera le siège du Conseil de la Fédération.

Article 10

Le Conseil général se composera du Président et du vice-Président de la Fédération, d'un Secrétaire, d'un Secrétaire-adjoint, d'un Trésorier et d'un Trésorier-adjoint qui seront pris dans le Syndicat où se trouve le Conseil de la Fédération. Pour faire partie du Conseil, il faut appartenir et faire partie de la Société de Prévoyance.

Tous les Présidents des Syndicats fédérés font partie, de droit, du Conseil d'administration.

Article 11

Le Conseil d'administration se réunira au moins une fois par an, la veille ou le lendemain du Congrès de la Fédération.

Article 12

En cas d'empêchement du Président d'un Syndicat d'assister à la réunion, son délégué pourra prendre part à la discussion et aura voix délibératrice au lieu et place du Président absent.

Article 13

Le Trésorier général enverra les fonds de secours sur la demande du Trésorier de chaque Syndicat, signée par le Trésorier et accompagnée du certificat des médecins.

Article 14

Chaque Syndicat fera son règlement intérieur mais, en aucun cas, ne pourra obliger un syndiqué à faire partie de la Société de Prévoyance, chaque syndiqué étant libre de s'y faire admettre.

Article 15

Les membres fondateurs et tous ceux qui s'y feront admettre la première année ne paieront pas de droit d'entrée.

La deuxième année et les suivantes il sera perçu un droit d'entrée de 20 fr. au-dessous de 30 ans ; 30 fr. de 30 à 35 ans, et 40 fr. de 35 à 40 ans.

Vous connaissez tous notre situation, qui n'est pas brillante, car plus ça va, plus le commerce des boissons devient malheureux. Il faut que l'homme et la femme s'en occupent très sérieusement et, en cas de maladie, on est obligé de prendre des étrangers pour vous aider, soit dans le débit ou pour soigner le malade et, parmi nous, beaucoup n'ont pas les moyens pour se faire soigner et une maladie de quelques semaines peut les mettre dans la gêne, sinon dans la misère.

Nous avons pensé, pour parer à ces inconvénients, de créer dans la Fédération une Société de Secours Mutuel qui serait, croyons-nous, appelée à rendre de très grands services dans notre corporation. Ainsi, en versant 1 franc par mois on pourrait donner 2 francs par jour de maladie, ce qui nous permettrait de soutenir un collègue pendant au moins six mois et plus, si son état le rendait nécessaire.

Nous croyons, Messieurs, que c'est là une œuvre toute philanthropique qui nous attirerait des syndiqués et qui les attacherait à la Fédération par les liens de fraternité et de solidarité.

Veuillez donc, à cet effet, Monsieur le Président, mettre à l'ordre du jour du prochain Congrès cette proposition.

M. Badoit explique ensuite les causes pour lesquelles il a été amené à proposer la création d'une Société de prévoyance, qui ne peuvent se déterminer que dans un but de solidarité commune, plus de poids dans les groupements corporatifs et enfin une force vivante à l'Union fédérale.

Dès le début, dit-il en terminant, deux cents adhérents peut-être viendront se faire inscrire ; dans quelques années, la totalité des membres de la Fédération viendra à nous, car tous comprendront l'œuvre d'humanité et de solidarité que nous poursuivons et c'est pourquoi vous ne ferez aucune difficulté pour accepter la proposition qui vous est soumise.

M. Chaffard est d'avis qu'il y a lieu de faire quelque chose dans le sens indiqué par M. Badoit, mais il serait bon que l'on nomme au préalable une commission qui examinerait la question et la soumettrait à l'approbation des différents syndicats appartenant à la Fédération.

M. Tollard estime qu'il est difficile de créer une Société de prévoyance pour tous les membres de l'Union fédérale, cette question intéresse plutôt chaque Syndicat.

M. Mazet. — Du reste il existe dans presque tous nos groupes corporatifs des d'bitants qui font partie d'une Société de secours mutuels.

M. Badoit soutient à nouveau son projet qui, adopté, serait une cause de développement des Syndicats, car les adhérents auraient un intérêt de plus à se grouper.

M. Péronnet, tout en reconnaissant que le projet soumis par M. Badoit émane d'un esprit de générosité des plus louables, est d'avis que son application rencontrerait de sérieuses difficultés. D'abord, le siège social de la Fédération peut être déplacé ; ensuite, chaque section représenterait une organisation spéciale qui entraînerait à pas mal de dépenses. Pour ces deux raisons majeures, il croit que chaque Syndicat ferait mieux de créer une Société de secours mutuels, qui serait administrée par son propre Conseil, pourrait fonctionner d'une manière plus rationnelle. Il termine en rendant le plus grand hommage à l'esprit qui a guidé M. Badoit dans cette question de mutualité et, après une observation de *M. Encontre* qui appuie l'impossibilité de créer semblable organisation au sein de l'Union Fédérale, M. Peronnet met aux voix le projet de Société de Prévoyance, qui est repoussé.

Avant de lever la séance, M. Peronnet invite tous les délégués à assister au Banquet qui aura lieu à huit heures dans les Salons de l'hôtel Monnier.

Il prie ensuite les membres de la Commission électorale de se réunir le jeudi matin à huit heures pour désigner les candidats devant remplacer les membres du Bureau faisant partie de la série sortante. Puis la séance est levée à 6 h. 1/2 et renvoyée au lendemain matin 9 heures.

LE BANQUET

Le soir, à huit heures, les délégués se réunissaient en un banquet, dans les salons du restaurant Berrier et Milliet, auxquels s'étaient joint bon nombre de débitants de la cité Lyonnaise.

M. Brun, président d'honneur de la Fédération, préside, ayant à sa droite M. le sénateur Gourju, et à sa gauche M. Péronnet

Au champagne, M. Brun commence la série des toasts et prononce l'allocution suivante :

Messieurs et chers Collègues,

Monsieur le président de l'Union fédérale m'a prié de présider le banquet de notre Congrès. J'en suis tout confus, étant d'avis que M .Perronet, qui a la peine devrait être à l'honneur de cette présidence. Ceci dit, Messieurs, permettez-moi de me féliciter d'avoir vivement conseiller le transfert du siège de l'Union fédérale à Lyon, où vous venez tous de constater la bonne organisation de ce Congrès ; les discussions nourries de documents et de la compétence des rapporteurs.

Il ya quelques années, au moment de la création de notre organisation, nous étions bien peu nombreux, mais cependant assez pour contracter ce mariage de raison, unissant les syndicat des villes à ceux des campagnes, cette union a été féconde puisque nos enfants sont nombreux l'ancien bureau a groupé les syndicats, mais ne pouvait obtenir les véritables résultats, c'est au bureau actuel à poursuivre ce but. Permettez à votre ancien président de faire les vœux les plus sincères pour la réalisation de tous nos desiderata.

Je lève mon verre à M. le sénateur Gourju, défenseur de nos intérêts, à M. Michallet, président d'honneur, au président actif et compétent de la Fédération où nous sommes, Messieurs, à tous les membres de l'Union fédérale et à tous les invités.

M. Perronnet prend ensuite la parole et présente les excuses du sénateur Guyot, des députés Aynard, Fleury-Ravarin et Gourd ; de M. Brizon, président du Tribunal de commerce ; des présidents les diverses branches de l'Alimentation.

Il adresse des remerciements à M. le sénateur Gourju d'avoir bien voulu suivre les travaux du Congrès ; à MM. Gilbert, membre du Contentieux ; Kemler, de l'Alliance syndicale ; Girardin, Grizard, Christophe et Rey, délégués de Paris ; à la Presse Lyonnaise qui ne refuse jamais son concours toutes les fois que l'on y fait appel ; à MM. Brun et Michallet, présidents l'honneur.

Puis en un langage des plus simples,

M. Péronnet se félicite de la courtoisie qui a présidé à la discussion des diverses questions inscrites à l'ordre du jour, l'accord parfait qui y a régné et surtout de l'esprit de solidarité qu'ont montré les délégués en venant assister aussi nombreux aux travaux du Congrès. C'est pour lui un gage de confiance que le jour est proche où tous les membres du commerce des boissons, comprenant les avantages que l'on peut retirer d'une union étroite, ne formeront qu'une seule et même famille, toute puissante, pour faire entendre sa voix auprès des Pouvoirs publics.

Il lève son verre à tous les invités et au succès de la création des Fédérations régionales qui rendront les plus signalés services à la corporation.

M. Gourju se lève à son tour et, en termes fort spirituels, dans ce langage qui est un charme pour ses auditeurs, le dévoué sénateur du Rhône exprime sa joie de se trouver au milieu de ceux-là mêmes dont il eut la bonne fortune de défendre les intérêts au Parlement.

Il rappelle la part qu'il a prise aux discussions intéressant la suppression des octrois, celle des bouilleurs de cru ainsi que sur la question des droits de transport.

En terminant, M. Gourju invite chaleureusement les débitants de boissons, corporation si lourdement chargée d'impôts, à se grouper le plus possible en fédérations régionales qui, elles-mêmes, seraient unies en une « fédération des fédérations ».

M. Girardin clot la série des toasts en rappelant les bienfaits rendus à la corporation par M. Brun, l'ancien président de l'Union fédérale. En termes émus, il retrace le dévouement qu'il a apporté au développement des groupes corporatifs ainsi que les témoignages de sympathie qui ont été sa récompense.

Après un excellent plaidoyer en faveur des revendications futures, souligné à plusieurs reprises par les applaudissements de ses auditeurs, M. Girardin invite tous les convives à lever leur verre à MM. Brun, Michallet, Péronnet et à la République.

Pendant que le champagne Goulet coule à flots, on entend d'excellents artistes, tels que MM. Bianconi, Eyguesier et Billon, et la soirée se termine de la façon la plus charmante.

Jeudi 13 Octobre

La séance est ouverte à 9 h. 1/2, et il est immédiatement procédé à l'élection des membres du Bureau, en remplacement de MM. Mazaud, Bondon, Pauficq et Moyroud, désignés par le tirage au sort comme composant la série sortante.

Avant de commencer le vote, M. Péronnet prévient les délégués qu'ils devront pourvoir au remplacement de trois membres démissionnaires : MM. Pellet, Secrétant et Fillion, ces deux derniers ayant renoncé à leurs fonctions parce que le Syndicat auquel ils appartiennent n'était pas affilié à la Fédération.

Après la proclamation du choix des candidats proposés par la Commission électorale, ratifiée par le Congrès, M. Péronnet donne connaissance de la composition du Bureau pour l'année 1905 et qui est la suivante :

CONSTITUTION DU BUREAU

(ANNÉE 1905)

Présidents d'honneur

MM. Michallet de Lyon et Brun de Grenoble.

Président effectif

M. Peronnet, café, 6, place du Pont, à Lyon.

Vice-Présidents

MM. Flachon, café, à Vaugneray (Rhône).
Mazaud, Bouillon Parisien, 3, place de l'Hôtel-de-Ville, à St-Étienne (Loire).

Secrétaire général

M. Bondon, restaurant du Helder, 98, rue de l'Hôtel-de-Ville à Lyon.

Secrétaire-adjoint

M. Pasquiot, café, 132, grande-rue de Montplaisir, à Lyon.

Trésorier

M. Vallet Clovis, 1, rue Victor-Hugo, à Lyon.

Membres du Conseil

MM. Milliet restaurant Français, 24, quai de Retz, à Lyon.
Pauficq, café, 209, avenue de Saxe, Lyon.
Joud, café du Théâtre, à Romans (Drôme).
Ravignier, café, à Bourg (Ain).
Girod, café à Annecy (Hte-Savoie).
Coudurier, café à Chambéry (Savoie).
Dufour, café, 3, rue Grenette, à Lyon.

Commission de Contrôle

MM. Gay, café à Vaugneray (Rhône).
Gaillard, Palais d'Eté, chemin Feuillat, à Lyon.
Drillat, café, 67, avenue Alsace-Lorraine, à Grenoble.

Rédacteur-administrateur

M. Mauran, 5, rue Pierre-Corneille, à Lyon.

Membres du Contentieux

MM. Piaubert, Breth et Gilbert.

M. Mazaud remercie les délégués de la confiance qu'ils veulent bien lui témoigner en lui renouvelant son mandat et les assure de son concours le plus dévoué pour toutes les causes concernant la Fédération.

LIMITATION DES DÉBITS DE BOISSONS

M. Sirand, président d'honneur du Syndicat de Grenoble, lit, au milieu de la plus grande attention, le rapport ci-dessous :

Messieurs,

Cette question de limitation des débits de boissons vous est déjà familière. J'ai eu pour ma part, plusieurs fois l'occasion de la développer devant vous.

J'avoue, mes chers collègues, n'avoir jamais été si à l'aise, pour la traiter, que je le suis aujourd'hui ; c'est que je ne vous apporte point une résolution à examiner, une proposition à envisager, une étude à faire, je vous convie simplement à enregistrer les résultats acquis.

Vous ne l'ignorez point, la municipalité de Grenoble a pris à la date du 28 décembre 1903, un arrêté dans les conditions que fixent les articles 9 et 11 de la loi du 17 juillet 1880 et dont d'ailleurs, pour plus de clarté, voici le texte.

Art. 9. — Les Maires pourront, les Conseillers municipaux entendus, prendre des arrêtés pour déterminer, sans préjudice des droits acquis, les distances auxquelles les cafés et débits de boissons ne pourront être établis autour des édifices consacrés à un culte quelconque, des cimetières, des hospices, des écoles primaires, collèges ou autres établissements d'instruction publique.

Art. 11. — Les infractions ou contraventions aux règlements de police continueront à être punies de peines de simple police.

Ce dernier article, en fait, n'a plus d'intérêt puisque la sanction des arrêtés municipaux est désormais prévue par les articles 94, 95, 96, 97 de la loi du 5 avril 1884 et par les articles 230, 234 et surtout 471 du code pénal.

En 1880, il avait sa valeur agissante et son efficacité, les Administrations communales, à cette époque, vivant sous le régime de la loi de 1867, plus coercitive, ne laissant aux Maires qu'un rôle d'auxiliaires de pouvoir réagissant pour le compte de celui-ci et leur refusant, à peu près généralement, tout rôle de répression pénale.

Et cette observation témoigne qu'en admettant les maires à recourir, pour l'exécution de l'art. 11 de la loi de 1880 au concours des tribunaux de simple police, le Parlement avait entendu que les prescriptions édictées ne restassent point lettre morte. Il y a, en cet article 11, aujourd'hui confirmé par les dispositions que je rappelais tout à l'heure, et élargi jusqu'à l'application de la prison en cas de récidive, la manifestation formelle que le législateur prévoyait le danger, offrait le secours, craignait l'envahissement, proposait la digue, constatait le mal latent, proposait un remède énergique.

Hélas ! on n'a pas voulu entendre l'avertissement !

Aujourd'hui le mal est devenu gangrène, l'envahissement s'est transformé en débordement, le danger s'est fait désastre.

La loi du 17 juillet 1880 a dû, certainement, lors de sa promulgation, être très sceptiquement accueillie, peut-être même a-t-elle été sceptiquement faite. Confier en effet, aux Maires qui sont en butte à toutes sollicitations, une possibilité d'entrave à un commerce, c'était leur mettre en mains une arme à l'avance émoussée, ou plutôt une arme à deux tranchants qui les atteignait au moment où ils s'en servaient.

Aussi, a-t-on soigneusement laissée l'épée au fourreau et si longtemps qu'elle s'y est rouillée.

Et toujours de plus en plus, la licence s'étalait à l'aise, la santé publique souffrait de contacts malsains, les établissements de femmes, la brasserie tenait le haut du pavé, aguichant les passants, offrant sa tentation au jeune homme, satisfaisant les esprits et avilissant les corps.

C'était un danger, c'était une honte.

Toutes les municipalités l'ont constaté et le constatent encore. Quelques-unes ont eu l'énergie de réagir, en faisant appel à cette vieille loi endormie de 1880, qu'on vit d'ailleurs, chez les débitants honnêtes, se réveiller avec joie, et chez les autres surgir avec stupeur.

De quelle façon a-t-il été usé de ces dispositions législatives ? Je citais tout à l'heure l'arrêté du Maire de Grenoble. Le mieux, pour répondre à cette question, est de vous donner lecture du texte de cet arrêté :

Nous, Maire de la ville de Grenoble, officier de la Légion d'honneur ;

Vu les articles 9 et 11 de la loi du 7 juillet 1880 et les articles 94, 95, 96 et 97 de la loi du 5 avril 1884 ;

Vu les articles 330, 334 et 471 du Code pénal ;

Vu le règlement général de police édicté par M. le Préfet de l'Isère le 2 décembre 1892 ;

Vu la délibération du Conseil municipal, en date du 28 écembre 1903 ;

Arrêtons :

Article premier. — Par application de l'article 9 de la loi du 17 juillet 1880, et sans préjudice des droits acquis, il est interdit d'ouvrir dans la ville de Grenoble de nouveaux débits de boissons, café, cabarets, brasseries, buvettes, etc., à une distance de moins de 250 mètres du cimetière, des édifices consacrés à un culte quelconque, des hospices, des écoles primaires, lycées ou autres établissements d'instruction publique.

Art. 2. — Lorsqu'une rue nouvelle se construira, ou qu'un quartier neuf s'établira le Maire pourra cependant, après avis conforme du Conseil municipal, autoriser la création d'un ou de plusieurs débits en faveur de personnes présentant des garanties suffisantes de moralité.

Art. 3. — Tout débitant devra exploiter lui-même son fonds en son nom. Il ne pourra le faire exploiter par une personne interposée ou par une personne payant sa location au mois ou à la journée.

Art. 4. — Il est donc toléré aux débitants de boissons la possibilité d'employer des femmes ou des filles étrangères à leur famille pour distribuer les consommations dans leurs établissements, mais ils devront déclarer au bureau central de police les noms, prénoms, âge et lieu de naissance de ces femmes ou filles et indiquer leurs résidences pendant les cinq dernières années. Cette déclaration devra être renouvelée à chaque changement.

Art. 5. — Il est interdit aux filles ou femmes de service, servantes ou bonnes employées dans les brasseries, cafés, cabarets ou autres débits, de se tenir, de jour comme de nuit, sur les portes ou aux fenêtres de ces établissements, pour attirer les passants ; il leur est également interdit de s'asseoir à côté des consommateurs et de boire avec eux.

Art. 6. — Dans le cas où il serait établi qu'une fille ou femme employée dans un débit se livre habituellement à la prostitution avec les clients, dans une chambre attenante ou à proximité de ce débit, la fermeture de ce débit pourra être immédiatement ordonnée, sans préjudice de toutes autres poursuites. Le tenancier de l'établissement sera responsable.

Art. 7. — Est rigoureusement prohibé, dans les devantures de débits de boissons, l'emploi de vitres ou carreaux opaques, des rideaux épais et doubles rideaux, des écrans, caisses d'arbustes, tambour ou autres moyens pouvant cacher ou rendre obscur l'intérieur des débits, empêcher la surveillance de la police qui doit pouvoir, à toute heure, voir du dehors ce qui s'y passe.

Il est également interdit de recevoir les consommateurs dans les salles dites de milieu ou de fond. Toute salle de débit devra posséder une ouverture directe sur la voie publique (porte ou devanture vitrée).

Art. 8. — Le présent arrêté aura son effet à compter du premier février prochain. Les infractions auxquelles il pourra donner lieu seront constatées et poursuivies conformément aux lois. M. le commissaire central de police et les agents placés sous ses ordres sont chargés d'assurer l'exécution du présent arrêté qui sera affichée et publié.

Art. 9. — Les dispositions contenues dans les arrêtés de nos prédécesseurs, des 25 juin 1880, 28 avril 1881, et 6 mars 1896, sont provisoirement suspendues en ce qu'elles ont de contraire au présent.

A Grenoble, en l'Hôtel-de-Ville, le 14 janvier 1904.

Le Maire,
STÉPHANE JAY.

Vu pour exécution immédiate.
Grenoble, le 18 janvier 1904.
Pour le Préfet de l'Isère :
Le Conseiller de préfecture délégué,
BERET.

Ainsi qu'on le voit, les droits acquis sont réservés et comme tous droits acquis peuvent se transmettre. La fermeture des établissements n'est définitive, dans le rayon de 250 mètres fixé, que si ces établissements ont cessé réellement, absolument, de fonctionner pendant un certain laps de temps.

Ainsi toutes garanties pour le commerce licite, toujours transmissible et toujours transmis.

Mais menace absolue pour les débits intermittents et d'occasion qui, par conséquent, n'offrent aucune garantie de solvabilité et dont la disparition même doit agréer aux fournisseurs.

Cette menace s'aggrave pour les brasseries de femmes, véritables maisons de rendez-vous, louées à la journée ou au mois par des propriétaires peu scrupuleux pour la destination qu'on devine bien.

Plus de doubles-rideaux, défense de stationner sur le seuil, de s'asseoir avec les clients, d'user de salles clandestines souvent transformées en alcôves ; c'est, à vrai dire, un peu d'air entré, un peu de salubrité apporté dans les coupe-bourse, fréquemment devenus coupe-gorge de la prostitution inavouée.

Et qu'on ne vienne pas objecter que ceci paraît vexatoire. Le débit est établissement public, il se doit régulièrement à la plus large publicité.

Je ne vous citerai pas toutes les Municipalités qui ont limité les débits de boissons, mais des renseignements que j'ai pu recueillir, il résulte que le but poursuivi n'a pas été complètement atteint, et cela se conçoit, en si peu de temps d'application, mais il s'aperçoit proche déjà et encourageant.

Pour ma part, et afin de parler de ce que l'on connaît bien, j'ai à Grenoble, fait une enquête personnelle, et je vous soumets les indications que j'ai recueillies.

Résultats à Grenoble. — Nous avons suffisamment précisé à maintes occasions, la pensée qui nous guidait en demandant l'application stricte de la loi de 1880 : sauvegarder la dignité de notre profession, éviter que notre respectabilité ne soit compromise par de louches et malsains trafics, enrayer le développement pris par les débits mal fermés au détriment des établissements correctement gérés.

A Grenoble donc selon un rapport de police, il existait, à la veille de la publication de l'arrêté municipal 130 lupanars, (n'ayons pas peur des mots) au lendemain de l'affichage, 30 fermaient brusquement, ils préféraient clore les portes, que d'entrebailler les rideaux, 50 aujourd'hui ont mis les volets.

Eh ! Messieurs, la série continue, au fur et à mesure des disparitions qui vont vite, croyez-le, les contraventions fréquentes et une surveillance assidue y mettant ordre.

Ainsi se sont assainis déjà divers quartiers, et je vous assure que, dans certaines rues, on respire plus à l'aise, un air, semble-t-il, plus pur.

Les cafés bien tenus, par contre, s'ils ne sont pas plus fréquentés, sont sauvés d'une assimilation qu'on pouvait faire et qui, dans cette ville de tourisme mettait en garde contre tout établissement le visiteur qui, trompé une fois par l'apparence, craignait à chaque porte de café entrebaillée, de nouvelles surprises.

L'œuvre de salubrité et de protection va son train. Mais, objectera-t-on, si tous établissements disparaissent, les finances municipales doivent s'en ressentir.

Eh bien—non, pas du tout, je vous avoue tout de suite, que le budget municipal de Grenoble et sans doute ceux d'ailleurs, ne subissent aucune perte de cette disparition de débits qui peut inquiéter au premier abord.

Quels établissements sont atteints en effet ? Je l'ai déjà dit. Des maisons à double issue, à volets clos, dont les propriétaires changent toutes les quarante-huit heures et qu'on ne peut pas saisir.

Des établissements dont les tenanciers sont insolvables et contre lesquels il faut engager des frais coûteux qui restent à la charge de l'administration, sans que, d'ailleurs aucun recouvrement n'ait été fait. Des débits qui couvrent, d'une enseigne, une fraude continuelle. Le compte est tôt fait. Il y a plus de profit à n'avoir ni maisons ni transition, ni établissements insolvables, ni débits de fraude. Le budget communal y gagne.

Enfin, et l'objection ici me semble plus sérieuse on a prétendu que la loi de 1880 n'était pas applicable à certaines villes, en raison de cette obligation faite à tout établissement de s'établir à 250 mètres au moins des édifices publics, écoles, églises, lycées, etc.

Je n'ai pas vu pour ma part que la loi de 1880, ait spécialement fixé ce maximum d'éloignement. La ville de Lille s'en est inquiétée. Bien à tort, ce me semble. Il lui appartenait de prendre les dispositions qui convenaient le mieux, si j'ose dire, à sa structure.

Et puis, songeons-y toujours la loi de 1880 et l'arrêté qui en peut découler n'est pas une arme de coercition mais une arme de défense.

Sous cette réserve des droits acquis, des transmissions de propriété de fonds possibles et faciles, sous cette restriction légale que j'ai suffisamment indiquée, tous les commerces probes et dignes peuvent s'exercer. La loi et l'arrêté, au contraire, les sauvegardent. J'ai assez insisté je crois sur ce qu'on peut obtenir de la loi de 1880, qui nous régit actuellement, et je dois vous dire quelques mots du projet de réglementation des débits de boissons, déposé par MM. Siegfried, Béranger, actuellement à la commission sénatoriale, ce projet dont vous connaissez depuis longtemps le texte, puisque déjà, il a été discuté à divers congrès, n'est qu'une mise en œuvre de la loi de 1880.

Les articles essentiels sont empruntés à l'ancien document, en ce qui concerne du moins le pouvoir des municipalités et l'inviolabilité des droits transmis, ou transmissibles.

Je n'y vois pour ma part qu'une difficulté d'application celle-ci se trouve dans l'article Ier.

Les restrictions faites en ce qui concerne la fixation d'un débit par un nombre déterminé d'habitants sont étroites. Le législateur, à mon sens fera acte de prévoyance en consultant les syndicats de détaillants, les opinions, sur la loi, seraient peut être diverses. Il y aurait une moyenne à faire.

Ou mieux, il n'y aurait pas de moyenne à faire du tout. Ce serait au Parlement à trouver la solution libérale qui garantisse tous droits, impose tous devoirs, et protège toute probité d'action et de vie.

La réglementation peut s'entendre de toutes manières, s'interpréter de toutes façons. L'essentiel est que nous soyons en garde contre des compromissions de métier, contre des avilissements de profession, dont nous tous ici souffrons ou avons souffert. La loi de 1880, je l'ai dit et je le répète, cette loi sagement interprétée, serait peut-être une arme suffisante aux mains des Municipalités. Mais ne nous leurrons point, les Municipalités sont en butte à toutes les sollicitations, à toutes les condescendances. Le maire en grandes relations avec ces concitoyens et les influences locales l'empêchent souvent

d'agir. La loi a plus d'autorité que l'arrêté, plus d'efficacité aussi.

C'est la loi, que nous attendons, que nous espérons, que nous demandons pour la garantie de nos intérêts et pour la dignité de notre profession.

M. Christophe, tout en rendant hommage à la conception du rapport de M. Sirand, est d'avis qu'il n'est pas besoin d'une grande discussion pour démontrer l'inanité d'une semblable proposition.

Dans tous les Congrès, dit-il, la question de la limitation du nombre des débits de boissons a été posée et son rejet a toujours prévalu. Il est inutile de créer d'autres lois, celles existant étant déjà assez draconiennes, et au surplus ce n'est pas quand on poursuit, comme nous le faisons, le retour de notre corporation au droit commun, qu'il faut chercher à annihiler notre liberté. Que ceux qui veulent disparaître cessent leur commerce, mais laissez à chacun le bon plaisir de vivre comme il lui plaît. C'est pour cette raison majeure qu'il demande aux délégués d'adopter l'ordre du jour qui a été voté dans les Congrès passés.

M. Péronnet informe qu'il a reçu deux ordres du jour, l'un tendant au maintien du *statu quo* et l'autre tendant à l'acceptation du principe de la limitation. Puis, faisant remarquer que dans le rapport de M. Sirand il existe deux parties bien distinctes, une ayant trait à la police des cafés, et l'autre visant la limitation, il estime que tout le monde peut être d'accord pour chercher à faire disparaître ces lupanars infects, où on ne livre que de la mauvaise consommation, mais nul n'est besoin, pour atteindre de but, de toucher à la liberté du commerce.

M. Drillat, président du Syndicat de Grenoble, fait alors la déclaration suivante :

Messieurs et chers Collègues,

J'ai demandé la parole pour vous dire ce que je pense du syndicat de Grenoble dont je suis un des délégués sur la question de limitation et de réglementation des débits de boissons. Le rapporteur vous a bien expliqué ce que vous pouvez espérer de la loi de 1880 qui régit les débits, il a certainement voulu faire disparaître toutes les appréhensions que certains d'entre vous ont eu jusqu'à ce jour en repoussant tout projet de limitation au nom de la liberté commerciale. En effet, puisque l'on peut limiter avec la loi actuelle nous ne devons rien craindre d'une loi qui confirmerait et rendrait définitive cette réglementation que nous pouvons déjà obtenir ; mais où le rapporteur ne s'est pas assez étendu c'est sur la difficulté d'obtenir des conseils municipaux l'application stricte de cet article 9. Bien des influences locales, souvent gênantes pour les maires, viennent en empêcher la réalisation ; d'autre part, (chose que nous avons vu à Grenoble), certains commerçants peu scrupuleux, cherchent par tous les moyens à tourner l'arrêté, montent de nouveaux cafés dans les zones en dehors des distances prévues en faisant un bail d'essai et viennent ensuite s'installer en plein centre, où bon leur semble.

Quant à la liberté commerciale dont nos contradicteurs ont fait leur tremplin, devrions-nous même en parler ? L'avons-nous même cette liberté ? Non, n'est-ce pas. Eh bien, alors, ce n'est pas au nom d'une formule qui n'existe pas pour nous que nous devons refuser la protection qui nous est offerte. Notre commerce a été régit par des lois spéciales depuis la fondation du cabaret jusqu'à nos jours ; nous devons donc ici à ce Congrès qui est appelé à donner à nos élus une indication précieuse, voter à une grande majorité le projet sénatorial.

Pas de demi-mesures, les arrêtés municipaux sont insuffisants et trop sujets aux influences locales. Le projet respectant d'une façon formelle les droits acquis, personne ne sera lésé ; donc, je vous adjure, Messieurs, au nom de mon syndicat qui a fait l'expérience de l'arrêté municipal grenoblois, de voter la limitation telle qu'elle est proposée par le Sénat.

M. Girardin. — Nous continuons à tourner dans un cercle vicieux. L'année dernière, j'avais expliqué les raisons pour lesquelles nous nous élevions contre une mesure qui ne tendrait rien moins qu'à étrangler la liberté de notre commerce. Dans le projet présenté à la sanction de la Haute Assemblée, l'idée qui a prévalu, ou du moins qui a servi de base fondamentale à la pro-

position qui nous menace, a été de d'enrayer les progrès de l'alcoolisme. C'est là une erreur, car on aura beau limiter le nombre des débits de boissons, la consommation de l'alcool sera toujours la même. On n'aura atteint qu'un but : porter atteinte à un droit incontestable qu'a tout un chacun, de choisir la profession qu'il lui plaît.

Quels sont les partisans de la limitation ? Les antialcooliques.

Je sais que bon nombre de nos collègues estiment que par la multiplicité des débits, une concurrence effrénée est venue diminuer les ressources sur lesquelles, jadis, ils fondaient toute espérance. Que l'on dise alors carrément que l'on défend ici ses propres intérêts personnels, mais que l'on n'essaie pas de faire croire que c'est la défense de la corporation tout entière qui est le principal objectif de cette discussion.

Jusqu'ici, on avait toujours discuté à côté de la question ; mais aujourd'hui elle se pose nette. Aussi, est-ce sans acrimonie que je ferai toucher du doigt les dangers qui nous menaceraient si nous abondions dans le sens de la limitation telle qu'elle est proposée.

M. Girardin cite alors ce qui se passe en Angleterre, où la limitation existe. Il n'est pas rare, paraît-il, de voir des capitalistes et même des pairs du royaume acheter 10, 15 et 20 débits pour fonder des *gin-palace* dans lesquels se débite une quantité considérable de marchandises réalisant un bénéfice des plus imposants.

Certes, il existera, dans cette Assemblée, continue le président du Syndicat de la Seine, certains délégués qui viendront soutenir le projet Siegfried. Mais il faut bien dire que parmi ceux-là il en existe où les principaux membres de Syndicat sont justement des personnalités qui ont monté de vastes établissements, et, par ce fait, ont fait une concurrence aux petits. Alors que l'alcool paye, à Paris, un droit de 415 francs l'hectolitre, ces mêmes débitants continuent à vendre l'absinthe 0 fr. 15 le verre. Il est facile de comprendre qu'ils ne réalisent aucun bé-

la limite on leur serait
fl bl ar le bénéfice qu'ils réalise-
ient s r la vente de leurs fonds.

Ah ! l'on dit bien que les droits des
débitants existants resteront acquis ;
mais alors à quelle époque arrivera-t-
on au but que l'on poursuit : jamais.

Un autre danger, qui mérite d'être
signalé, c'est la main mise par l'Etat
sur notre commerce et il arrivera fata-
lement, à l'aide du monopole de l'alcool qu'il établira, que le débitant de
vins sera traité comme l'est celui du
tabac, lequel se trouve, comme vous le
savez, à la discrétion de l'Administration.

Ah ! si vous trouvez que notre liberté est excessive et qu'il faille nous
mettre une muselière, libre à vous
d'en décider ainsi ; mais je crois qu'il
est de mon devoir, au nom des petits
et des humbles, de vous crier : Ne
laissez pas mettre la main sur vos
débits, car c'est au devant d'un arrêt
de mort que vous allez.

M. Girardin, après avoir cité les cours
de morale qu'il faisait parfois en sa
qualité de délégué cantonal, demande
au Congrès qu'il proteste contre le projet de limitation, déposé au Sénat par
M. Siegfried, et adopte le vœu qu'il
déposera tendant au maintien du *statu
quo*.

M. *Rey* répond à M. Girardin que
ce qu'il redoute pour le monopole de
l'alcool peut aussi bien venir sous l'empire de la loi de 1880 que sous le régime de la limitation ; qu'en ce qui
concerne l'augmentation des licences,
il faut une loi et cette loi reformant
les patentes jointes aux licences en ce
qu'elles ont de malencontreux d'après
la proposition Colliard n'est pas à re-
douter, surtout en ce moment, où l'on
parle de changer l'assiette de l'impôt
en imposant le revenu.

Il retient son aveu que si les droits
acquis sont respectés et cela est inscrit
dans la Loi, le nombre des débits n'est
pas prêt à diminuer.

Tel n'a jamais été notre pensée, dit
M. Rey, nous ne demandons pas la diminution du nombre des débits. Nous
voulons seulement que ce nombre
n'augmente pas, tout est là.

Aussi, est-il d'avis que le rapp r
de M. Sirand doit être adopté par le
Congrès, ce qui équivaudra à l'acceptation du projet déposé au Sénat qui,
dans son ensemble, sanctionne les arrêts rendus par les municipalités en
vertu de la loi du 17 juillet 1886.

M. *Girardin* riposte à M. Rey qu'il
n'est ni un moralisateur, et encore
moins un prédicant, ces derniers sont
dans le camp antialcooloque. Il ne se
préoccupe que d'une chose : Quelles
seront les conséquences de l'application de cette loi.

Ah ! si les 500.000 débitants de-
vaient exister, poursuit M. Girardin,
ce serait parfait. Mais le Parlement
n'envisage pas cette hypothèse, il espère, au contraire, qu'un jour viendra
où ce nombre sera diminué dans de
notables proportions.

Comme je le disais tout à l'heure, il
se fera un trafic honteux d'achats et
de ventes de fonds; des gros marchands
de vins monteront des établissements
luxueux, où ils débiteront au début des
consommations sans rechercher le moindre bénéfice attirant ainsi une clientèle
nombreuse qui les aidera à trouver un
naïf auquel on cèdera le fonds. Voilà ce
qui est dangereux, et c'est là vos bénéfices. Mais ceux qui sont à côté, qui
sont obligés de vivre ne peuvent avoir
la même tactique, faute de capitaux,
seront absorbés par les privilégiés de
la fortune, car du jour où il ne sera
plus permis de créer de nouveaux débits, les petits disparaîtront.

Voilà comment la diminution s'opé-
rera. C'est pourquoi je repousse le projet.

M. *Rey* cite l'exemple de l'un des
membres de son syndicat et de son conseil son ami Watel, rue Rambuteau,
qui, en 1880 achète le fonds qu'il a encore actuellement au prix de 80.000
francs. Il était seul à l'angle des rues
Saint-Martin et Rambuteau et il n'y en
aurait jamais eu d'autres si la loi de
juillet 1880 n'avait pas permis la libre
ouverture de nouveaux débits.

Depuis 1880, trois concurrents sont
venus occuper les trois autres coins, M.

Wattel dont l'établissement occupait deux étages et le rez-de-chaussée abandonne son loyer, il y a vingt-quatre ans qu'il est dans cette maison, qu'il a payée 80.000 fr. et il s'en va sans vendre son fonds. M. Wattel avait acheté en sécurité pensant avec raison que le décret de 1852 ne serait pas abrogé et combien d'autres sont dans le même cas. Ceci est un exemple, c'est l'aléa du commerce, répondra-t-on, c'est entendu, mais lorsque le législateur pour une cause que nous n'avons pas à apprécier vient nous accorder à nous qui sommes débitants actuellement, une sécurité que nous n'avons pas, refuser est imprévoyant, sous prétexte de liberté que nous n'avons pas que l'on n'entrave pas davantage.

Notre chambre syndicale m'a donné mandat de défendre le projet qui tend à limiter le nombre des débits, par conséquent, je me rallie au rapport de M. Sirand qui tend au même but.

M. Grizard. — De la discussion qui se dégage c'est le manque d'affaires qui fait demander la réglementation. S'il en est ainsi, je crois que c'est au contraire une loi de protection que nous devrions demander, et il vaudrait mieux, à mon avis, chercher à empêcher le commerce ilicite sur les vins, car si les débitants seuls vendaient au détail cette principale matière de consommation, il y aurait un bénéfice notable qu'il serait utile d'envisager.

M. Grizard cite ensuite la statistique des faillites et liquidations judiciaires, constate que le commerce des boissons n'arrive qu'en troisième catégorie, conclut comme ses collègues, que la loi de 1880 est suffisante et qu'en conséquence il y a lieu de demander le maintien du *statu quo*.

M. Coudurier déclare qu'il votera le rapport de M. Sirand car l'on ne peut pas nier les services rendus par l'arrêté municipal de Grenoble à notre corporation.

M. Mazet ne croit pas que les droits acquis soient bien conservés et se méfie que l'on ne puisse pas toujours transférer son établissement dans l'intérieur du périmètre prescrit, par suite de l'arbitraire de la municipalité.

M. Badoit n'est pas du même avis et soutient que les droits restant acquis, c'est une loi de protection pour les débitants.

M. Mazet après avoir démontré le danger qui peut exister de transférer son établissement dans un autre quartier pour ne pas être à la merci de son propriétaire, en ce sens que la clientèle ancienne sera à jamais perdue, déclare que son syndicat lui a donné mission de repousser tout projet de réglementation.

M. Flachon au nom du syndicat de Vaugneray fait la même déclaration.

M. Tallard fait connaître que le syndicat de Dijon repousse la Limitation comme étant une atteinte à la liberté commerciale.

M. Raffard demande si la nouvelle loi garantira la sécurité du bail et dans le cas où un débitant voudrait ne pas subir les augmentations de location qui ne manqueront pas de se faire sentir, le propriétaire aurait-il le droit de monter un débit dans le local que le débitant abandonnerait.

M. Christophe penche pour l'affirmative, tandis que *M. Rey* est tout à fait négatif.

M. Péronnet en quelques mots résume la discussion et bien que sa qualité de président des débats lui enlève en quelque sorte le droit de prendre parti pour telle décision, il croit cependant qu'il est de son devoir de donner son opinion sur la si brûlante question de la limitation, et il s'en excuse volontiers.

Dans un langage très simple il démontre que la Limitation n'empêchera pas la concurrence, en ce sens que le transfert des licences pourra s'effectuer au gré d'un chacun. A son avis, il vaudrait mieux l'application de la loi de 1880 qui est facultative et à laquelle peu de municipalités auront recours.

M. Lachaux dit qu'il est inutile de demander une loi d'exception ; il vaut mieux réclamer pour notre commerce le droit commun c'est-à-dire la liberté entière.

Après une réplique de MM. *Sirand*, *Christophe* et *Mazet*, M. *Girardin* dépose l'ordre du jour suivant :

« Le Congrès,

« Proteste contre le projet de réglementation des débits de boissons et demande le maintien du *statu quo*. »

La discussion étant close il est immédiatement procédé au vote, mais avant *M. Péronnet* fait remarquer que, pour qu'il n'y ait aucun malentendu, ceux qui voteront *oui* acceptent le projet de Limitation soumis aux délibérations du Parlement, tandis que ceux qui répondront *non* repoussent ledit projet et se rallient à l'ordre du jour déposé par M. Girardin.

Le vote a lieu par voix statutaires et donne le résultat suivant : .

Pour la limitation........ 15
Contre.................... 25

Ont voté pour :
Avignon (1), Alais (1), Bourg-de-Péage (1), Chambéry (2), Grenoble (4), Lyon (Sud-Est) (2), St-Etienne (débitants) (1), Riom (1), Nantes (1), Corporation des marchands de vins de Paris (1).

Oont voté contre :
Bourg (2), Chalon (2), Dijon (1), Le Puy (1), Montélimar (1), Nevers (1), Romans (1), St-Etienne (Hôteliers et restaurateurs) (1), St-Marcellin (1), Valence (1), Vaugneray (8), Cette (1), Dunkerque (1), Chambre syndicale des débitants de la Seine (1), Union syndicale des débitants de vins de Paris (1), Syndicat des restaurateurs et hôteliers (1).

LE TIMBRE
SUR LES LETTRES DE VOITURE

La parole est à M. Mazet, du syndicat de Montélimar, qui avait demandé à faire figurer cette question à l'ordre du jour du Congrès :

Au nom de la Chambre Syndicale de Montélimar, j'ai l'honneur de proposer au Congrès de l'Union fédérale, d'approuver le vœu ci-après, tendant à établir une proportionnalité du droit de timbre pour les transports de marchandises de toute nature, tant en grande qu'en petite vitesse.

Tout d'abord, je dois vous dire que les quelques explications ou considérations à développer à l'appui du vœu à formuler seront très courtes et se trouvent fort simplifiées par suite d'une heureuse coïncidence.

Dès l'ouverture du Congrès, M. Courju, sénateur du Rhône, qui suit avec la plus bienveillante attention nos travaux, et dont le dévouement à notre cause ne s'est jamais démenti, M. Gourju, dis-je, sachant que cette question devait être traitée ici, m'a communiqué un vœu de même nature dû à son initiative, et qu'il a fait adopter par le Conseil général du Rhône, lors de la dernière session de cette assemblée départementale.

Par suite des considérants exposés dans ce vœu, dont le texte sera déposé sur votre bureau, et des explications qui suivent, il ne vous échappera pas, Messieurs et chers Collègues, combien est frappante l'iniquité qui résulte de la loi sur le timbre des expéditions, telle qu'elle est appliquée, et quel préjudice subissent ainsi les commerçants, tant expéditeurs que destinataires.

On ne tient compte d'aucune proportion entre les expéditions de faible imoortance ni des distances de parcours.

Afin de faire mieux ressortir l'inégalité qui existe dans la perception de cet impôt, nous établirons la comparaison suivante :

Une industrie importante (par exemple une Compagnie minière) expédie pour un seul destinataire de Lille à Marseille, plusieurs wagons de marchandises et il est perçu un droit fixe, pour le timbre de 0.70.

Un négociant expédie un hectolitre de vin à une vingtaine de kilomètres et il est également perçu 0.70 ; mais si la futaille doit, comme dans la plupart des cas ; être retournée franco , le destinataire se trouve d'avoir à payer une fois de plus cette taxe de 0.70.

Et dans ce dernier cas il se produit parfois le fait suivant qui mérite d'être signalé : le commerçant qui se trouve dans l'obligation de retourner les récipients ou emballages, s'il ne veut pas les voir facturer; trouve alors que l'envoi d'un fût est dès lors bien onéreux et il attend une ou plusieurs expéditions subséquentes afin de faire ce qu'on appelle un groupage.

Mais en raison de cette attente parfois longue et en tous cas aléatoire, les emballages sont immobilisés, ils peuvent se détériorer, disparaître, et alors au lieu d'une somme de 0.70 à payer, mais qu'il pensait voir diminuer en ne formant qu'un envoi le commerçant va avoir à rembourser les emballages égarés ou détériorés.

En ce qui concerne le retour des emballages que les compagnies réexpédient en franchise, il semble même que l'exonération du droit de timbre serait une mesure logique autant qu'équitable.

Ainsi, vous voyez, Messieurs, les commerçants se trouvent gravement lésés dans leurs intérêts par l'application actuelle de la loi du timbre des lettres de voiture.

Et pendant ce temps, ainsi que l'a si bien dit M. le sénateur Courju, non seulement dans son vœu, mais encore hier soir dans le banquet qui nous réunissait tous, un train complet peut-être expédié à une énorme distance, d'un bout à l'autre de la France, sans qu'il soit perçu un taux supérieur à celui qui frappe un modeste négociant expédiant un envoi insignifiant.

Il a été dit qu'il n'y avait pas de proportionnalité ; j'ajouterai encore qu'il n'y a pas d'égalité dans l'application de cette loi.

En effet, pourquoi ce qui n'a pas été appliqué aux compagnies départementales de chemins de fer subsiste-t-il pour les réseaux des grandes compagnies ? De telle façon que le commerçant qui fait un envoi de Montélimar à Dieulefit (28 kilomètres), n'a pas à payer la taxe de 0 fr. 70, tandis qu'elle lui est appliquée s'il effectue un envoi par la gare de Livron (même distance) qui est sur le réseau P.L.M.

Enfin, la proportionnalité a pu s'établir pour les timbres des effets de commerce pourquoi ne pratiquerait-on pas de même pour les timbres de lettres de voiture ?

Les lois fiscales doivent être appliquées de façon à représenter une juste répartition dans le degré des charges publiques ; c'est pourquoi il serait logique, équitable d'établir une proportionnalité dans la perception de ce droit de timbre en tenant compte tant du poids ou du volume que de la longueur du trajet à parcourir.

C'est pourquoi, sous le bénéfice des considérations qui précèdent et de toutes autres que le Congrès pourrait faire valoir après plus ample examen de la question, nous demandons au Congrès de l'Union fédérale d'adopter le vœu tendant à ce qu'une proportionnalité équitable soit établie pour la perception des droits de timbre pour les expéditions de toute nature.

Et de décider que ce vœu, après adoption sera communiqué aux chambres de commerce auxquelles on demandera de vouloir bien mettre également cette question à leur ordre du jour.

M. Gourju déclare qu'il est l'auteur d'un vœu adopté par le Conseil général du Rhône qui donne pleine satisfaction aux justes réclamations qui viennent d'être formulées et assure le Congrès qu'il fera tout ce qui est en son pouvoir pour qu'il y soit donné suite.

— Le Rapport de M. Mazet est adopté et le Congrès charge le Bureau de l'Union fédérale de faire diligence auprès des Chambres de commerce pour qu'elles mettent cette question à leur ordre du jour.

L'ANNUAIRE FÉDÉRATIF

M. Mauran explique les raisons qui l'ont amené à demander la création d'un annuaire fédératif où figureraient, outre le texte des principales lois qui régissent le commerce des boissons, le nom, par syndicat, de tous les membres adhérents à l'Union fédérale. Bien que cet ouvrage ne comprendra pas moins de 200 pages in-8°, il sera livré aux syndicats fédérés au prix de 0 fr. 50 l'exemplaire (port en sus). Il estime que c'est là le moyen le plus pratique pour que tous les membres de la Fédération puissent entretenir entre eux d'excellentes relations en ce sens qu'ils se connaîtront mieux, tout en étant un document précieux qu'ils devront se faire un devoir de consulter.

M. Brun appuie la proposition.

M. Milliet déclare que dans sa dernière réunion le comité du Syndicat Lyon (Sud-Est) a décidé de souscrire à l'Annuaire pour la totalité de ses membres.

Plusieurs délégués déclarent ne pouvoir s'engager d'une façon définitive avant d'avoir consulté les membres de leurs Syndicats.

M. Péronnet avant de mettre la question aux voix, déclare que l'*Annuaire* sera facultatif mais engage tous les Syndicats à en prendre le plus grand nombre possible, car par les textes de lois qui y figureront il aura une très importante utilité.

— La création de l'*Annuaire* est ensuite adoptée et M. Mauran est chargé de correspondre avec tous les syndicats de l'Union fédérale, pour être fixé d'une manière définitive sur le nombre d'exemplaires qu'il faudra faire tirer.

LES SYNDICATS D'INITIATIVE

M. Brun, au sujet du Congrès des Syndicats d'initiative de France, qui a eu lieu à Grenoble au mois de septembre fait la déclaration suivante :

Messieurs et chers Collègues,

Le mois dernier a eu lieu à Grenoble, le Congrès des syndicats d'initiative de France, auquel j'ai assisté.

La séance inaugurale était présidée par M. Bailllf, président du Touring-Club de France, celui qui a été surnommé le ministre du Tourisme.

J'ai constaté avec un vif plaisir les efforts que fait cette puissante association, pour développer le tourisme en France, y attirer l'étranger et surtout savoir le retenir chez nous le plus longtemps possible, par divers attraits et lui faciliter autant que faire se peut, la visite de nos monuments et de nos sites merveilleux, qui ne cèdent rien à ceux de la Suisse — Il est inutile de vous dire, Messieurs, que notre corporation, aussi bien les hôteliers et restaurateurs que les débitants, profite dans une part la plus large, de cette clientèle riche et des efforts faits par le Touring-Club de France.

Je prie donc le Congrès de faire adresser par son président, une lettre de chaleureuses félicitations et de vifs remerciements à M. Bailllf, président du Touring-Club, pour le développement qu'il apporte à l'œuvre que je pourrais, sans exagérer qualifier de vraiment nationale.

Le Congrès charge le Président de l'Union fédérale d'adresser au Touring-Club de France une lettre de remerciements.

QUESTIONS DIVERSES

M. Christophe renouvelle la proposition qu'il avait faite l'année dernière, tendant à ce que le Congrès émette un vœu demandant à ce que les fonctions de juge au Tribunal de commerce soient rétribuées.

M. Péronnet après avoir donné lecture du vœu, répond qu'en sa qualité d'ancien juge, il se permet de combattre ladite proposition, considérant que ce que l'on demande au dévouement est accordé sans mesure, et n'a besoin d'aucune rétribution.

M. Christophe devant cette juste observation n'insiste pas.

Après quelques mots de remerciements à l'adresse des délégués pour la courtoisie qu'ils ont eue dans toutes les discussions ainsi que pour la correction parfaite qui a présidé les diverses contradictions, *M. Péronnet* leur donne rendez-vous à l'année prochaine, espérant qu'ils apporteront la même aménité, les mêmes sentiments de confraternité et déclare clos les travaux du Congrès.

L'après-midi a été consacré à la visite des Brasseries de la Méditerrannée, de la Raffinerie Lyonnaise et de l'Usine frigorifique, qui ont particulièrement intéressé les délégués.

RÉSUMÉ DES VŒUX

Dans sa séance du 3 novembre, les membres du Bureau de l'Union fédérale ont rédigé et coordonné les vœux suivants adoptés par le Congrès :

LES LICENCES D'ETAT

Le Congrès,

Considérant qu'à son origine le droit de licence frappait nombre de commerces ;

Qu'en donnant aux divers commerçants la liberté d'exercer leur commerce, ce droit de licence disparaît en partie ;

Considérant qu'il aurait dû en être ainsi pour le commerce des vins ; qu'au contraire, en l'état actuel, ce droit revêt par son taux exorbitant le caractère d'un véritable impôt ;

Que cet impôt, frappant un seul commerce à l'exclusion des autres, constitue une injustice flagrante, une inégalité dans les charges fiscales, qu'il n'est qu'une patente déguisée sous un autre nom ;

Considérant que la loi du 29 décembre 1900, a aggravé considérablement le régime des licences, que cependant celles-ci constituant un impôt de superfétation, une seconde patente spéciale au commerce des boissons, n'étaient considérées comme acceptables qu'en raison du chiffre modéré de l'ancien tarif, que toutes les législations antérieures s'étaient refusé à relever ; qu'aujourd'hui, quintuplées pour une certaine catégorie de débitants, les nouvelles licences ont provoqué chez les détaillants une perturbation très grande, qu'elles sont une cause de gêne excessive, sinon de ruine pour les petits débitants.

Considérant également que l'alcool soumis aux droits est presque exclusivement consommé chez les débitants de boissons, que par conséquent l'augmentation sensible de l'impôt sur cette matière constitue une charge suffisante aux débitants dans les villes ayant supprimé les droits d'entrée sur les boissons hygiéniques,

Emet le vœu :

1° Que les licences d'Etat soient supprimées complètement, mais que si des nécessités budgétaires trop grandes obligent l'Etat à les maintenir quelque temps encore, elles soient tout au moins, et de suite, ramenées à leur ancien tarif ;

2° Qu'en ce qui concerne les licences municipales, les articles 4 et 7 de la loi du 29 décembre 1897 soient supprimés.

LA LOI SUR LES FRAUDES

Le Congrès,

Considérant que les textes de loi existants sont suffisants pour réprimer la fraude ;

Emet le vœu :

Que le projet Trannoy ne soit pas mis en discussion à la Chambre,

Et que, subsidiairement, dans le cas où la loi serait discutée il soit apporté les modifications suivantes :

« Les prélèvements pourront être « faits, non seulement au domicile où « les produits sont mis en vente, mais « encore soit en cours de route, soit « dans les gares ou aux entrées des vil- « les, de même qu'au domicile des des- « tinataires, au moment de la livrai- « son. »

Emet aussi le vœu :

Que dans tous les cas de fraude ou de falsification, lorsque l'intermédiaire détaillant ou autre, pourra faire la preuve de sa bonne foi, et lorsque ses déclarations auront permis d'en établir la source, l'auteur de cette fraude sera seul mis en cause. Le Tribunal compétent sera celui où aura été constaté la fraude.

MODIFICATION A LA LOI DE 1900

Le Congrès,

Considérant que la loi du 29 décembre 1900 n'a apporté qu'une seule modification, l'unification sur le régime des boissons hygiéniques sauf les réserves à faire concernant les licences, mais n'a amélioré en quoi que ce soit la situation du commerce des boissons ; qu'elle l'a aggravé en ce sens qu'elle a rétabli, sous une forme détournée, l'exercice qui aurait dû être radicalement supprimé, et qu'elle a compromis l'existence d'un grand nombre de débitants, par suite des charges excessives qui leur ont été imposées.

Emet le vœu :

1. Que l'exercice chez le débitant soit supprimé et ne puisse être rétabli sous aucune autre dénomination ;

2. Que les agents des Contributions indirectes ne puissent faire aucune visite chez les débitants de boissons, sans se conformer aux prescriptions prévues par l'art. 237 de la loi du 28 avril 1816;

Licences

Le Congrès émet le vœu :

Que la licence qui constitue une seconde patente soit supprimée.

Bouilleurs de cru

Considérant que le privilège des bouilleurs de cru est une cause permanente de fraude, porte un préjudice considérable au Trésor, est antidémocratique et présente un danger véritable pour l'hygiène publique, en raison de l'impureté des produits en général mal distillés et dont il permet l'écoulement.

Le Congrès émet le vœu :

Que le Parlement complétant la loi de finances du 30 mars 1903, supprime d'une façon radicale et complète, le privilège des bouilleurs de cru.

Droit sur l'alcool

Considérant que c'est avec raison que le législateur de 1900 a unifié pour toute la France le droit de circulation sur les vins.

Considérant qu'indépendamment du droit général de consommation, l'alcool supporte un droit d'entrée dans les villes de 4.000 âmes et au-dessus et que ce droit varie suivant l'importance de la population.

Le Congrès émet le vœu :

Que le droit d'entrée sur l'alcool soit supprimé, le droit général de consommation porté à 220 francs, ayant eu pour conséquence de diminuer la qualité des produits consommés.

LES DÉBITANTS DE CRU RÉCOLTANT

Le Congrès,

Considérant que les lois actuellement en vigueur sur le régime des boissons accordent un injuste privilège aux propriétaires récoltants en les exonérant de la licence et de la patente, lorsqu'ils vendent en gros le produit de leur récolte hors du lieu de franchise, qu'il ne leur est demandé que la plus petite licence lorsqu'ils font cette vente au détail.

Considérant que, par la circulaire 436 du 5 mars 1901, un petit récoltant peut devenir un gros débitant de cru en mélangeant, puisqu'il le peut, aux vendanges ou aux fruits de sa récolte des vendanges ou fruits d'achat.

Considérant que l'on peut difficilement concevoir que celui qui est déjà propriétaire puisse bénéficier d'un privilège que n'a pas celui qui n'a pas le bonheur de l'être.

Considérant que la consécration officielle de ce privilège porte gravement atteinte aux intérêts de diverses catégories de citoyens, savoir :

1° Aux viticulteurs des régions de moyenne production qui se voient dans l'obligation de réduire considérablement leurs prix de vente, quand des vins étrangers à ces régions sont importés pour la vente à de bas prix.

2° Aux marchands de vins en gros dont les charges sont lourdes.

3° Aux petits débitants qui sont accablés par des frais généraux excessifs auxquels viennent s'ajouter les droits onéreux de licences et de patentes.

Considérant qu'il est légitime que le propriétaire récoltant qui veut prendre lieu et place d'un marchand de vins en gros ou en détail hors du lieu de récolte, soit soumis aux mêmes taxes que ces derniers.

Considérant cependant que si les propriétaires récoltants doivent bénéficier du privilège que leur confère les lois actuelles, ce ne devrait être que pour la vente de leurs produits dans les départements non vinicoles, à seule fin de faire que le vin, produit français, soit accessible à toutes les bourses.

Par ces motifs,

Demandent aux pouvoirs publics à faire cesser cet état de choses préjudiciable surtout aux petits débitants, en abolissant l'injuste privilège conféré aux propriétaires récoltants.

En attendant que cette juste réforme aboutisse, seraient désireux de voir les administrations compétentes, directes et indirectes, s'entourer de tous les moyens en leur pouvoir pour faire cesser ces regrettables abus, si préjudiciables aux honorables commerçants qui peinent et surtout paient.

Emet le vœu,

1° Que les propriétaires récoltants vendant en dehors des lieux de récoltes soient astreints aux mêmes charges que les commerçants ;

2° Que tout employé au service de l'Etat, départements ou communes, soit mis dans l'obligation de ne faire aucun acte de commerce et de représentation et que les circulaires ministérielles à ce sujet soient rigoureusement appliquées.

D'autre part, que la même administration surveille sévèrement le petit propriétaire récoltant, pour que ce dernier ne puisse vendre que le produit de sa récolte.

Le bénéfice du commerce devant être exclusivement réservé à ceux qui en supportent les charges.

SUPPRESSION DU PARTAGE DES AMENDES

Le Congrès,

Considérant que par la prime qui leur est offerte, les employés de la Régie ne peuvent remplir leurs fonctions d'une manière impartiale, tentés qu'ils sont par l'appât d'un bénéfice rémunérateur ;

Qu'ils ont dès lors tout intérêt à travestir la vérité et aggraver, par des rapports frauduleux, les délits de moindre importance ;

Considérant que l'administration des finances a d'autres moyens à sa disposition pour récompenser le zèle et le dévouement de ses employés ;

Le Congrès émet le vœu :

Que la prime allouée aux dénonciateurs ainsi que celle accordée aux agents des contributions indirectes soit supprimée.

LES PATENTES

Le Congrès,

Considérant que les charges qui pèsent sur les contribuables doivent être réparties d'une façon équitable ;

Considérant que l'accaparement pratiqué par les sociétés en commandite, grands magasins, coopératives ou bazars, porte le plus grand préjudice au petit commerce ;

Considérant, d'autre part, que la perte subie par le Trésor public, par suite de la disparition de petits et moyens commerçants, provoquée par ces grandes entreprises commerciales, ne trouve pas sa compensation dans les patentes qui leur ont été imposées ;

Emet le vœu :

Que les Sociétés copératives, grands magasins et bazars soient placés dans le droit commun et frappés de la patente par nature de spécialité.

Emet en outre le vœu :

Que le rôle des patentes soit fait avec le plus large esprit de justice et d'équité ;

Que le mot de répartiteur ne soit pas un vain mot et que son emploi ait un caractère impartial en s'appuyant sur les seuls principes du droit commun.

Que les intérêts du petit, du faible, soient sauvegardés avec un esprit de largesse, sans aucune méchanceté, sans acrimonie, sans jalousie, sans fantaisie de la part du contrôleur ou des répartiteurs.

LA LIMITATION DES DÉBITS

Le Congrès,

Considérant que l'application des art. 6 et 7 de la loi du 17 juillet 1880 serait conforme aux intérêts et à la défense de l'honorabilité professionnelle ;

Considérant, d'autre part, que l'application des lois du 28 avril 1816, 29 décembre 1897 et 29 décembre 1900, par la création de licences, taxes de remplacement, qui constituent une triple patente, a placé arbitrairement le commerce des boissons, hors de la règle générale sous laquelle sont régis les autres commerces ;

Proteste contre le projet de réglementation des débits de boissons et demande le maintien du *statu quo*.

LES BUFFETS DES GARES

Le Congrès,

Emet le vœu que toutes les Compagnies de chemins de fer fassent observer strictement le règlement qui régit les buffets et répriment toute infraction qui aurait pour conséquence de porter un grave préjudice aux intérêts des cafetiers et hôteliers, déjà si compromis.

LE MONOPOLE DE L'ALCOOL

Le Congrès,

Considérant que les monopoles d'Etat produisent au point de vue budgétaire des résultats illusoires et qu'ils sont au point de vue commercial une antithèse frappante supprimant la concurrence et mettant par cette seule raison un obstacle à l'amélioration du produit dont ils exploitent la vente ;

Qu'ils sont une entrave à la liberté du commerce, une gêne à la production ;

Que la liberté du commerce doit être garantie ;

Considérant en outre que le monopole de la fabrication et de la vente de l'alcool par l'Etat entraînerait la création d'un nombre considérable de fonctionnaires nouveaux ;

Que le fonctionnarisme est une des plaies dont souffrent les contribuables ;

Que si l'on dit en faveur du monopole qu'il importe de ne pas tolérer la vente des produits pouvant nuire à la santé, nous répondrons qu'il y a en France des commissions dites hygiéniques qui n'ont qu'à en empêcher la vente ;

Que le petit producteur sera à la merci des agents du fisc pour la vente de ses produits, qui ne profitera qu'aux grands propriétaires.

Emet le vœu :

Que le Parlement rejette tous projets de monopole, qu'ils soient à la production, à la rectification ou à la vente.

LA REFORME DES OCTROIS

Considérant que toute tentative faite dans plusieurs villes n'ont eu pour conséquence que de jeter une perturbation profonde dans l'équilibre des budgets communaux ;

Considérant que la suppression complète de l'octroi doit avoir pour corollaire l'intervention de l'Etat par une réforme générale modifiant l'assiette et la répartition de l'impôt en France, abandonnant certaines recettes aux communes ;

Que la suppression des octrois doit être une réforme nationale, puisqu'elle profite au pays tout entier ;

Que l'Etat peut disposer d'autres moyens plus efficaces pour atteindre et frapper la fraude de l'alcool dans le but de défendre les grands intérêts économiques et sociaux ;

Considérant que de tous les droits qui grèvent les produits objets soumis à l'octroi, seuls les droits sur les boissons hygiéniques locales pèsent réellement sur la population et particulièrement sur la classe ouvrière ;

Que les droits sur les boissons hygiéniques doivent donc être complètement enlevés et remplacés par d'autres droits ou taxes mieux en harmonie avec les moyens de chacun.

Considérant que la suppression des droits d'octroi ne profite pas exclusivement aux habitants des villes qui en sont chargés.

Considérant que le législateur, par la loi de 1897, a donné aux municipalités un droit très étendu de légiférer, et ce en violation de l'art. 137 de la loi du 5 avril 1884.

Emet le vœu :

Que le Parlement réalise le plus tôt possible, la suppression complète et totale des Octrois, avec le concours de l'Etat.

Imp. WALTENER et Cie, rue Stella, 3, Lyon.